Ist Ihr Hund hochsensibel?

Ist Ihr Hund hochsensibel?
von Dr. Bela Wolf

Bibliografische Information der Deutschen Nationalbibliothek:
Die deutsche Nationalbibliothek verzeichnet diese Publikation in der deutschen Nationalbibliografie; detaillierte bibliografische Daten sind im Internet über http://dnb.d-nb.de abrufbar.
©2017 Bela F. Wolf
Coverfoto by Bela F. Wolf
Grafik by Bela F. Wolf
Herstellung und Verlag: BOD – Books on Demand, Norderstedt
ISBN: 9783743151888

INHALT

EINLEITUNG – ÜBER HOCHSENSIBLE MENSCHEN

Mein Name ist Bela Wolf, ich bin Tierarzt, Journalist und Autor und ich bin hochsensibel.

Leider musste ich erst fünfzig Jahre alt werden, um das zu begreifen. Wenn Sie dieses Buch gelesen haben, erkennen Sie sich vielleicht selbst als hochsensiblen Menschen.

Möglicherweise ist auch nur Ihr Hund hochsensibel, während Sie bisher immer dachten, dass „etwas mit ihm nicht stimmt".

Oder Sie und Ihr Hund sind beide hochsensibel und Sie möchten gerne mehr darüber erfahren. Darum ist es mir ein Anliegen, zuerst ein wenig über hochsensible Menschen zu schreiben, auch wenn es dazu mittlerweile schon umfangreiche Literatur gibt. Gut möglich, dass Sie sich in meiner Lebensgeschichte wiederfinden und durch dieses Buch erst erfahren, dass Sie ebenfalls zu den weltweit nur auf fünf bis fünfzehn Prozent geschätzten hochsensiblen Menschen gehören, deren Leben ganz anders verläuft als das „normal" sensibler oder unsensibler Menschen. Anders verlaufen muss, da Highly Sensitive People mit einem angeborenen, sehr schnell überreizbaren Nervensystem ausgestattet sind. Und zwar von Geburt an! Dies gilt für Frauen genauso wie für Männer und macht sie in gewissen Situationen weniger bis gar nicht belastbar, stressanfälliger und sehr oft zu Außenseitern. Möglicherweise haben Sie sich selbst schon die Frage gestellt, warum Sie zeitlebens immer „anders" waren als die Anderen, weshalb man zu Ihnen gesagt hat, Sie sollen sich nicht so anstellen oder Sie seien schüchtern und überempfindlich. Vielleicht dachten Sie sogar, etwas stimmt mit Ihnen nicht! Zu hochsensiblen Männern sagt man gerne verweichlicht, früher nannte man sie einfach unmännlich; hochsensible Frauen gelten als zickige nervende Heulsusen.

Und nun soll es bei Ihrem Haustier genauso sein?

Die Antwort lautet: ja!

Auch Hunde können hochsensibel sein.

Fachliteratur zum Thema werden Sie vergeblich suchen, denn es gibt keine. Es gibt momentan auch keine veröffentlichten Studien, obwohl eine Dissertation über hochsensible Hunde gerade läuft.

Begeben wir uns also auf diesen neuen, unerforschten und spannenden Weg. Gehen wir gemeinsam den Fragen nach, wie Sie erkennen können, ob Ihr Hund hochsensibel ist und wie Sie mit einem hochsensiblen Tier am besten umgehen, um ihm und Ihnen das Leben so angenehm wie möglich zu gestalten. Erkunden wir was passiert, wenn man die Hochsensibilität eines Hundes nicht erkennt oder ignoriert und welche gesundheitliche Konsequenz das für das betroffene Tier beinhaltet. Gemeinsam werden wir Schritt für Schritt erarbeiten, wie Sie Ihren hochsensiblen Hund gesund und glücklich machen können. In diesem Buch werde ich hochsensible Menschen als HSM (Hochsensible Menschen) und hochsensible Hunde als HSH (Hochsensible Hunde) benennen.

Wenn Sie sich auf dieses Abenteuer einlassen, müssen Sie sich darauf gefasst machen, eventuell heftig auf manche Erkenntnisse zu reagieren. Dies ist bei HSM ganz normal und kein Grund zur Panik. Akzeptieren Sie Ihre Gefühle über Ihr „Anders-sein" und freuen Sie sich darüber, dass auch Sie dem kleinen Kreis einer auserwählten Minderheit angehören dürfen und somit Dinge fühlen können, die andere nicht einmal ansatzweise erahnen.

Ihr Hund wird ebenfalls dankbar sein, wenn Sie sein Verhalten in Zukunft besser verstehen und nachvollziehen können. Denn auch er hat es sich nicht ausgesucht, als hochsensibles Tier zur Welt zu kommen. Genießen wir gemeinsam das Privileg, anders zu sein! Machen Sie es sich bequem, Ihren vierbeinigen Freund neben sich, eine gute Tasse Tee im englischen Porzellan, ein Stück Kuchen vielleicht dazu und dieses Buch in der Hand. Wenn Sie ein HSM sind, werden Sie Mußestunden mit einer hochinteressanten Lektüre sicher zu schätzen wissen.

Ich wünsche Ihnen viel Spaß beim Lesen!

Bela ist anders!

Dieser Satz hat sich in mein Gehirn eingeprägt, seit ich denken kann. Bereits meine Geburt war alles andere als harmonisch und friedvoll. Nun bedeutet schon ein ganz normaler Geburtsvorgang Stress und Schmerzen, für die Mutter gleich wie für das Ungeborene. Jedes Baby erleidet durch das Geburtstrauma einen psychischen Schock, wird es doch mittels Uteruskontraktionen gewaltsam und unvorbereitet durch eine viel zu enge Öffnung in die Außenwelt gequetscht oder per Kaiserschnitt ohne Warnung in die Welt geholt. Dort ist es vor allem eines: kalt, laut und sehr hell. Es riecht intensiv nach Desinfektionsmittel und Spital. OP-Besteck klirrt, Türen knallen. Zu laut! Zu hektisch! Zu schnell! Das Baby platzt nach neun friedlichen Monaten mit einem anstrengenden Urknall aus der sicheren, warmen, vertrauten Schwebehöhle im Bauch in eine fremde gefährliche Welt und ist nun völlig abhängig von der Zuwendung seiner Mutter und anderen erwachsenen Menschen. Die meistens vor allem eines sind: groß, laut, hektisch und stark parfümiert. Wem würde das keine Angst machen? Bei mir war es noch schlimmer. Ich lag quer und wurde mittels Zange und Glocke in der

Gebärmutter gewendet, also im Uterus bereits malträtiert und anschließend mit Gewalt am Kopf Richtung Welt gezogen, während sich die Gebärmutter meiner verzweifelten Mutter kontrahierte und ich mich offensichtlich dagegen sträubte, geboren zu werden. Die Ärzte wollten mich zerstückeln, während die Frage im Raum stand: retten wir das Kind oder die Mutter? Meine Mutter entschied sich für uns beide, was in den sechziger Jahren ohne Ultraschall und mangels Anästhesie bei Beckenlage des Kindes fast einem Todesurteil gleich kam. (Die Diagnose einer Querlage wird nur in 0.3-0.6 Prozent aller Geburten gestellt. Schon als Embryo gehörte ich also bereits einer Minderheit an.) Wir überlebten überraschenderweise beide, was die Götter in Weiß damals sehr erstaunte. Ich kam als gesundes Baby zur Welt. Mein Start war die denkbar übelste Variante für ein HSM-Kind, die es überhaupt geben kann. Denn HSM reagieren sehr viel stärker als normale Menschen auf Gerüche, Berührungen, Geräusche und Stress. Sie spüren jede Unebenheit, jede Feinheit in ihrer Umgebung und sind schon als Säuglinge nicht sehr belastbar. Sie fühlen sich wie Wesen von einem anderen Stern, die in einer viel zu kalten, schrillen Welt gelandet sind, in der sie sich

16

irgendwie immer fehl am Platz vorkommen, da ihr Nervensystem so leicht überreizbar ist. Sehr leicht. Zu leicht! Dennoch war ich trotz diesem üblen Eintritt in eine fremde Welt ein sehr freundliches nettes Baby, das niemandem Schwierigkeiten bereiten wollte. Ich wollte gefallen und es allen recht machen. Nachts aber war ich schlaflos und schrie wie am Spieß. Im Nachhinein kann ich mir das nur dadurch erklären, dass ich tagsüber völlig überreizt von ständiger Beobachtung und Zuwendung war, weshalb es mir gar nicht mehr möglich war, trotz enormer Müdigkeit einzuschlafen. Ich war komplett überdreht und konnte einfach keine Ruhe mehr finden.

Meine weitere Kindheit verlief harmonisch, mein Erzeuger hatte sich kurz nach meiner Geburt abgesetzt, was niemand als Verlust empfand, meine Mutter ging ganztags arbeiten um mir alle Wünsche zu erfüllen und ich wuchs bei meinen Großeltern auf, von denen mir der Großvater die Gene der Hochsensibilität in die Wiege gelegt hatte. Ich lernte sehr schnell laufen, sprechen und aufs Töpfchen gehen, wollte keinen Schnuller und liebte Tiere über alles, erzählte man mir. So wuchs ich die ersten sieben Lebensjahre wohlbehütet in der genau passenden Umgebung für ein HSM-Kind auf. Man umsorgte und verstand mich, hielt Streit und Stress von mir fern und ging auf meine besonderen Bedürfnisse ein. Alles war gut. Solange ich nicht in den verhassten Kindergarten gehen musste. Denn da wollte ich keinesfalls hin! Haufenweise andere Kinder, die vor allem eines waren, nämlich zu laut und zu viele, erzeugten höchstes Unbehagen in mir. Ich wollte weder mit ihnen spielen noch dort essen. Ich hasste Käse, Tomaten, Gurken und dunkles Brot, der Geruch von Bananen widerte mich an, ich wollte meine Haare nicht waschen lassen und auch nicht in der Badewanne aufrecht stehen bleiben. Ich wollte nicht im stinkenden Turnsaal laufen, mich keinesfalls auf müffeligen Böden balgen und auch nicht Gruppenkuscheln. Lieder mit Gitarrenbegleitung waren mir zu laut und disharmonisch, mitsingen ein Gräuel, Händeklatschen verhasst. Zudem galt ich auch als sehr komplizierter Esser. Die Bedeutung „schwieriges Kind" nahm deutliche Formen an. Noch sehr gut erinnere ich mich, wie meine Großmutter mich zu vielen Dingen elegant überreden konnte: zum Haare waschen formte sie eine Schaumkrone mit einem geruchlosen Haarshampoo auf meinem Kopf, wir hielten täglich ein fixes Mittagsschläfchen, sie kochte extra nach meinen speziellen Vorlieben und sie führte kleine Rituale ein, die mir Sicherheit gaben, wie Schokoladebrezel kaufen, nachdem wir Richtung Kindergarten losfuhren und dergleichen mehr. Schon als Kind hatte ich eine Abneigung gegen volle Straßenbahnen und Autobusse. Die Tage, an denen ich Oma unter Tränen anflehte nicht „dorthin" zu müssen, dominierten. Ich wollte lieber alleine bei den Großeltern zu Hause sitzen und spielen, Schlösser und Burgen aus Decken unter dem Esstisch in der kleinen Küche bauen oder mit imaginären Freunden und eingebildeten Hunden Abenteuer erleben, Bären, Finger, Handschuhe und Socken zu geheimen Leben erwachen lassen und Opa zuhören, wie er mir Geschichten vorlas. Ich bevorzugte als Kind Rittersagen und Märchen aus tausend und einer Nacht oder Science Fiction- Abenteuer statt klassischer Kinderbücher. Ich malte bunte Bilder und war mit allem zufrieden, solange es nicht hieß, ich müsse viele fremde laute Menschen treffen und meinen Tag mit ihnen verbringen. Ich war ein friedfertiges, kreatives, zufriedenes Kind, das am liebsten seine Ruhe im Kreis seiner wenigen erwachsenen Vertrauenspersonen hatte.

Außenstehende Erwachsene steckten mich daraufhin sofort in eine Schublade: das Kind ist schüchtern und gehemmt, hieß es da. Ich war aber keineswegs schüchtern, ich war nur sehr schnell genervt oder gelangweilt und verspürte keinerlei Lust, mit brüllenden Gleichaltrigen meine Zeit zu verplempern, die sich kreischend an den Haaren zogen oder mit Dingen bewarfen. Später wurde schüchtern in frech umgewandelt, noch später hieß es stattdessen arrogant. Als ich eingeschult wurde begann der Ernst des Lebens im wahrsten Sinne des Wortes. Mein Leben wurde zum Albtraum eines jeden HSM, denn ich kam in eine große fremde Gruppe gleichaltriger Kinder, mit denen ich den ganzen Tag verbringen musste. Vorbei mit Ruhe und Frieden. Im Halbinternat einer streng katholischen Privatschule begann mir bewusst zu werden, dass ich dort völlig fehl am Platz war, es jedoch kein Entkommen mehr gab. Ich war ganztags gefangen in einer Klassengemeinschaft, musste dort essen, lernen und spielen und wurde durch meine aufmüpfige freche Art gleich der sprichwörtliche Dorn im Auge der frommen Schwestern. Nach ein paar Jahren im Halbinternat wurde ich krank. Eine schwere Krankheit, die mich zu einem zweimonatigen Spitalsaufenthalt zwang, führte dazu, dass ich nicht mehr laufen konnte und stationäre lange Wochen im Spital verbringen musste. In einem

Sechsbettzimmer ging ich zusätzlich zu den Schmerzen der akuten rheumatischen Polyarthritis gleichzeitig durch die Hölle einer Zimmergemeinschaft kranker Erwachsener. Ich spürte täglich den Tod und die Angst, die auf den Gängen allgegenwärtig herumschlich. Als einziger dreizehnjähriger Junge auf der Rheuma - Station inmitten meist sehr alter Patienten glich ich irgendwie einem unglaublichen, medizinischen Vorzeigemodell. Ich hatte panische Angst vor Nadeln, während Turnusärzte an meinen empfindlichen dünnen Venen übten und sie meistens nicht trafen. Gleich am ersten Tag ging die intravenöse Infusion in den Muskel statt in die Vene und erzeugte dort ein riesiges schmerzhaftes Ödem im Arm. Wieder hieß es „Bela, stell dich nicht so an!", diesmal von den Ärzten. Der Umgang mit Kindern auf der Greisenstation war wohl mehr als unbekannt. Ich stand auch das durch, verlor sehr viel Gewicht, wohlgemerkt durch den Stress des Krankenhausaufenthaltes, nicht so sehr durch die Krankheit selbst. Natürlich weigerte ich mich, das Spitalsessen zu essen. Schon vom Geruch wurde mir übel. Gesund wurde ich erst zuhause. Durch die lange Fehlzeit hing ich im Schullehrplan hinten nach, holte aber trotzdem alles schnell und problemlos wieder auf.

Mein Schulalltag bestand meist aus üblen Durchfällen vor jeder Schularbeit, Ausschlägen im Gesicht, wenn ich vor der Klasse sprechen sollte, Neurodermitis bei erhöhter Belastung, sowie einer nachgewiesenen Allergie auf Birkenpollen und Getreide, die meine Hände schubweise mit einem nässenden juckenden Ausschlag überzog. Ich musste mich oft übergeben, weil mein Körper einige Lebensmittel nicht vertrug. Als Kind konnte ich keine Tabletten schlucken und ich kann es auch heute noch nicht. Kaffee und Alkohol vertrage ich nicht, meist trinke ich koffeinfreien Kaffee und alkoholfreies Bier. Ich will Sie damit hier nicht langweilen. Es ist nur so, dass, falls Sie nicht in die Materie der HSM eingedrungenen sind, keinerlei Verständnis dafür haben können, wie sich ein typischer HSM als Kind fühlt. Oder Sie denken vielleicht, dass Hochsensibilität gar einer Neurose oder eingebildeten Krankheit gleicht. Deshalb ist es wichtig, mit meiner menschlichen Geschichte hier aufzuwarten, bevor wir zu den Hunden kommen. Deren „Symptome" übrigens ein zu eins umsetzbar sind. Und deren Verhalten ich in meiner jahrelangen Praxiszeit täglich beobachten durfte. Genau wie ihre daraus entstehenden Krankheiten.
Hochsensible Menschen stoßen im Alltag sehr oft auf

Schwierigkeiten und werden gerne fälschlicherweise als schüchtern oder gehemmt stigmatisiert. Für das tiefere Verständnis dieses Buches war es nötig, mich vor Ihnen, geschätzte Leserin, werter Leser, als genau der zu zeigen, der ich wirklich bin. Oft trage ich eine Maske, ich bin der taffe Tierarzt, der coole Autor, der wütende Blogger, der lustige Nachbar und der unterhaltsame Freund. In Wahrheit habe ich am liebsten gar nichts mit fremden Menschen zu tun, vor allem nicht, wenn sie stark parfümiert oder ungewaschen sind, laut schreiend artikulieren oder in großen Gruppen mit engem Körperkontakt auftreten. Ich umgebe mich lieber mit Tieren. Bücher sind meine besten Freunde. Ich sehe mir weder Krimis noch Horrorfilme an, da ich sonst davon Albträume bekomme. Gewaltverherrlichende Bilder in Sozialen Netzwerken und Hasspostings halten mich nächtelang wach. Sich öffentlich zu einem Makel, der keiner ist, zu bekennen, ist immer eine Herausforderung, der ich mich nun stelle. Sei es, um Ihnen nahezubringen, dass auch unsere Hunde hochsensibel sein können, sei es, um mir selbst einzugestehen, dass ich zwar anders, aber durchaus wertvoll für die Gesellschaft bin. Auch um Ihnen vielleicht ebenfalls zu zeigen, dass Sie nicht falsch, sondern genau richtig sind, falls es Ihnen als Kind ähnlich ging wie mir. Und nicht zuletzt um all diese wunderbaren hochsensiblen Hunde ringsumher davor zu bewahren, unverstanden dahinzuvegetieren und von Tierarzt zu Tierarzt oder von Heiler zu Heiler geschleppt zu werden, obwohl ihnen eigentlich gar nichts fehlt, außer Verständnis seitens ihrer Halter.

Hochsensibel Tiermedizin studieren - geht das?

Wir können davon ausgehen, dass nur fünf bis fünfzehn Prozent der Weltbevölkerung hochsensibel sind. Etwa dreißig Prozent der Menschheit sind sensibel und der traurige Rest der Menschen ist völlig unsensibel. Im großen Ganzen bedeutet dies, dass über die Hälfte der Weltbevölkerung nicht nachvollziehen kann, was es heißt, eine gute Intuition, Einfühlungsvermögen und ein feines Gespür für den Nächsten sowie für Tiere zu besitzen. Das erklärt die weltweiten Gräueltaten, die Massenmorde, die Kriege, den Hass, die Attentate diverser Psychopathen und auch all das, was der Mensch seinen Haus- und Nutztieren weltweit antut. Es erklärt Adolf Hitler und Donald Trump. Es erklärt Cesar Millan, geldgierige Flüsterer, dubiose Onlineshops mit sinnbefreitem Tierzubehör und gefährlichen Nahrungsergänzungsmittel. Es bedeutet die Antwort auf einfach alles, weil Geld, Gier und Macht immer vorrangig sind bei empathielosen Menschen. Und es erklärt auch, wie es möglich ist, diverse brachiale Erziehungspraktiken zu akzeptieren und diese an seinem ach so innig geliebten Hund anzuwenden, ohne jegliches Mitgefühl und Bewusstsein für Rohheit, Gewalt und die völlige Hilflosigkeit eines Tieres. Eines Hundes, der uns doch komplett ausgeliefert ist. Genauso erklärt es die Frage, wie Anbindehaltung, Zwangsstände und mutterkuhlose Aufzucht der Kälber, Ferkelkastration ohne Narkose oder das Enthornen von Kühen ohne Anästhesie praktiziert werden dürfen- ohne großen Widerstand, ohne Aufschrei, ohne Gesetze, die da schützend eingreifen und nicht nur so tun, als ob. Die Masse fügt sich, der Mehrheit fällt es vielleicht nicht einmal auf. Das Wort „Nutztier" beinhaltet schon, was die meisten Menschen denken: große Tiere sind halt dazu da, von uns „benutzt" zu werden! Nun, und das ist auch schon die Antwort! Die meisten Menschen merken nicht einmal, dass sie grausam sind! Und da rede ich noch gar nicht von Ignoranz und mangelnder Bildung. Nur einfach von fehlendem Einfühlungsvermögen, völlig abhanden gekommener oder nie dagewesener Empathie und Zero Sensibilität gegen andere Lebewesen. Diese Erkenntnis macht betroffen, denn Empathie kann man nötigenfalls sogar erlernen, falls man sich denn eingesteht, dass sie einem fehlt. Man müsste dazu nur beobachten, wie mitfühlende Menschen agieren und es ihnen gleichtun. Leider scheitert es bereits daran, dass diese Menschen gar nicht über ihr mangelndes Mitgefühl nachdenken, weil es ihnen völlig egal ist, was sie tun und sie ihr Tun außerdem stets für richtig halten. Weil sie eben nicht einmal bemerken, dass sie hart und grausam sind, scheint ihnen ihr Verhalten auch völlig in Ordnung. Darauf kommen wir später noch einmal detailliert zurück. Meist handelt es sich um kriegerische, im Alltag und in Beziehungen aggressive Menschentypen, die nur ihre eigene Meinung gelten lassen, niemals Fehler eingestehen können und mit denen eine vernünftige Diskussion völlig unmöglich ist. Gehen ihnen die Argumente aus, erfinden sie neue oder sie greifen an. Was nun meine eigene Empathie betrifft, so wurde die mit Beginn meines Studiums auf eine sehr harte Probe gestellt. Wenn Sie denken, Veterinärmedizin zu studieren sei einfach nur schwer, liegen Sie falsch. Es handelt sich zwar um das (neben Pharmazie)

schwierigste und längste Studium aller Studien-
richtungen, was man aber mittels Durchhaltevermögen,
eiserner Disziplin sowie ausreichend Lebenszeit und
dem nötigen Kleingeld durchaus bewältigen kann. Das
Problem liegt ganz woanders.
Es scheitert daran, dass dieses Studium nicht
tierfreundlich ist. Weshalb ist es nicht tierfreundlich? Weil
offensichtlich genau die fast sechzig Prozent der
unsensiblen Krieger die Alleinherrschaft auf Vet. Med.
Universitäten übernahmen und Tierschutz nichts zählt,
wenn das Herz kalt ist. Und das ausgerechnet in diesen
Institutionen! Sie glauben es nicht? Ich wollte es auch
nicht wahrhaben. Bester Beweis dafür ist die Tatsache,
dass jeder Student der VMU mit seiner Unterschrift
bestätigen muss, dass alles, was auf der Universität und
in den Übungsställen passiert, auch dort bleibt. Und
somit niemals an die Öffentlichkeit dringt. Warum
denken Sie, ist das so? Um den Menschen da draußen
ein feines Weltbild von Harmonie, Tierliebe und
Tiergesundheit vorzugaukeln oder um sich vor Klagen zu
schützen? Um das Monopol eines Tierspitals
auszunutzen, weil nämlich nur die Universitäten und ihre
Professoren die Preise für Behandlungen nach Lust und
Laune regeln dürfen, während sich praktizierende

Kollegen an Preisvorgaben der Kammer halten müssen? Oder um die Ausbildung der zukünftigen Kollegen zu gewährleisten? Die Antwort ahnen Sie wohl schon. Es geht wieder ums liebe Geld, es geht auch um Politik, aber es geht niemals um die, die es betrifft. Es geht nie um die Tiere, nie um die Patienten, nie um traurige Besitzer, nie um sterbende Hunde, um Labortiere oder unnötige Doktorarbeiten für einen unnötigen Titel. Denn man darf ohnehin seinen Beruf als Tierarzt ausüben, sobald man das Studium mit dem Magistertitel abgeschlossenen hat. Es bedarf also keiner Doktorarbeit mehr, für die Tiere unnötig gequält werden und zu Tode kommen. Zum Glück gibt es Dissertationen, die auch ohne den praktischen Teil der tierexperimentellen Forschung auskommen. Aber viel zu wenige Kollegen finden das auch spannend genug.

Kommen wir noch einmal ganz kurz zurück zu meiner Person, zum künftigen Tierarzt, dem später einmal die Tiere vertrauen sollten. Ich ahnte, dass sich auch während der Studienzeit mein Anderssein nahtlos fortsetzen würde, als ich vor der Box eines verletzten Pferdes auf meiner Alma Mater stand und in die Augen des vor Panik gegen die Wände schlagenden Apfelschimmels sah. Ich spürte es, obwohl ich es noch nicht benennen konnte. (Hätte ich schon damals vom Begriff HSM gewusst, wäre mir vieles leichter gefallen.) Niemand traute sich, den schwer verwundeten Wallach, der seinen Dienst als Fiakerpferd in Wiens stark befahrenen Straßen abbüßen musste, anzufassen. Die Pferdekutsche war mit einem Auto zusammen gefahren, ein Pferd auf der Stelle tot, das überlebende Pferd stand nun vor mir. Ich sah sein völlig verschwollenes Gesicht, seine vor Entsetzen geweiteten Augen, die blutenden Wunden, den verletzten Bauch, die zerschundenen Beine und mir kamen die Tränen. In diesem Moment stand ich, ein junger Student ganz am Anfang eines langen, schweren Studiums, der absolut keine Ahnung vom Umgang mit Pferden hatte und außerdem einen Heidenrespekt vor der Größe dieser Tiere, an der Box des kranken, tobenden Pferdes und senkte meinen Kopf. Ich konnte die Angst des Pferdes körperlich fühlen, sie nahm mir den Atem. Ich spürte alles, jede Furcht, jeden Schmerz. Mitgefühl und Mitleid spülten mich fast aus der Stallgasse, so tief gingen diese Gefühle. Ich fühlte sie, weil ich als hochsensibler Mensch geboren wurde- und davon nicht die geringste Ahnung hatte. Ich wusste nur, die anderen fühlten davon nichts. Und so stand ich einige Zeit vor der Box, sprach ein paar Minuten sehr leise mit dem durch Gitterstäbe von mir getrennten Pferd, als der Wallach mich plötzlich direkt ansah und ganz ruhig wurde. Der diensthabende Tierarzt kam und Wärter eilten herbei, sie zeigten auf das Schild auf dem stand „Achtung! Nicht anfassen, bissig, schlägt aus! Betreten verboten!" Ich öffnete vorsichtig die Boxentüre und das Pferd blieb ruhig. Ich stand direkt vor ihm, die Augen geschlossen und sprach mit dem Tier, während der Tierarzt die Behandlung machen konnte. Sie schauten mich an wie einen Alien. Dann verließ ich die Box und das Pferd begann sofort wieder mörderisch zu toben.

Von solchen Begebenheiten könnte ich Ihnen seitenlang erzählen. Ich könnte Ihnen berichten von Versuchs- hunden, an denen Narkosetechniken und Venenstechen durch völlig gefühllose Studenten geübt wurden, von Hunden, die hilfesuchend zu der einzigen Person im weißen Kittel, die ihnen ungefährlich schien, gerannt kamen, nämlich zu mir. Ich konnte ihnen nicht helfen. Ich konnte nur ihre Angst und ihre Verzweiflung spüren, sie beruhigend in den Armen halten, während die anderen Weißkittel ungerührt ihre Venen zerstachen und ich ihren Schmerz und die Frage „Warum müssen wir da durch? Was haben wir getan?" fühlte. Ich überstand diverse verpflichtende Übungsgruppen als einziger Außenseiter, dem die Tiere unendlich leid taten, der das Entsetzen dieser Lebewesen scheinbar als einzige menschliche Person auch wahrnahm und niemals dabei mitmachte. Mein Grauen war fast grenzenlos. Gerade dort hätte ich niemals erwartet, soviel Hoffnungslosigkeit und so wenig Sensibilität gegenüber Tieren zu finden. Einziges Ziel dieser Studenten war es, möglichst viel zu üben, dabei möglichst rabiat und dominant vorzugehen, wobei sich gerade die weiblichen Studenten durch besondere Brutalität gegenüber ihren männlichen Mitstudenten auszeichneten. Die weiblichen Studenten machten fast neunzig Prozent aus. Ich sah Hunde, die in Vollnarkose von Assistenzärzten fallen gelassen wurden ohne den Vorfall zu melden; ich sah, wie man Ferkeln Flüssigkeit in ihre Lungen spritzte, um wertlose Studien darüber zu verfassen. Ich sah eine frisch operierte Dober-mannhündin, die sich nach der Operation nachts vor lauter Angst durch die Gitterstäbe des Zwingers zwängen wollte, um zu entkommen, dabei am Becken hängen blieb und erst am nächsten Morgen so entdeckt wurde. Wo war der Nachtdienst gewesen? Wer übernahm die Verantwortung? Niemand. Ich sah Kühe, denen Studenten belustigt die Hände in die eigens dafür

31

operierte Pansenfistel schoben, um die Magen-
bewegungen der gerade wiederkäuenden Kühe zu
fühlen. Wofür? Niemand fand das seltsam oder gar
abartig! Alle waren immer mit Feuereifer dabei, egal ob
Studenten oder Professoren. Egal, ob einem Pferd
zwanzig Mal hintereinander eine gartenschlauchdicke
Nasenschlundsonde zu Übungszwecken gelegt wurde,
obwohl schon Blut aus seinen Nüstern schäumte und
diejenigen gar nicht Pferdepraktiker werden wollten,
egal, ob die Kuh halb gelähmt nach der Rücken-
markspunktionsübung zurückblieb- niemand fand etwas
dabei. Niemand! Und das wiederum erklärt die
Arbeitsweise mancher praktizierender Kollegen: sie
lernten bereits jahrelang, dass brutales Handwerk in der
Tiermedizin einfach dazugehört und sogar lege artis ist.
Ob am Schlachthof oder in der Geburtshilfe, ich war
umzingelt von menschgewordenen Zombies. Das
Grauen schlug um in blankes Entsetzen, je länger das
Studium dauerte und je patientenbezogener die
Übungen wurden. Ich könnte Ihnen berichten von
Kollegen, die nebenbei Wurstsemmeln aßen, während
sie mit der anderen Hand Leichen sezierten, vom
Gestank der Pathologie, der mir die Luft raubte, von Blut,
Kot und Eiter und all den Dingen, die zum Tierarztalltag

eigentlich vermeintlich dazugehören und die mir immer wieder deutlich machten: dort gehört du sicher nicht hin, Bela. Ich wollte aber Tierarzt werden, um jeden Preis, ich wollte es mit aller Macht, um möglichst viele Tiere, die ich so sehr liebte, wieder gesund zu machen. Ich dachte, auch diese schwere Zeit würde eines Tages vorüber gehen, ich würde dann in meiner eigenen Praxis stehen und Tieren helfen können. Dachte ich.

Während die Jahre an mir vorüberzogen (und glauben Sie mir, das taten sie nicht spurlos!), sah ich Dinge, die man niemals für möglich halten würde an diesem Ort. Ich wurde Meister im Ausreden finden, um niemals einem Tier weh zu tun, niemals Gewalt anzuwenden, sämtliche praktische Übungen zu umgehen, mich Besäufnissen mit Kollegen zu entziehen und Gruppenveranstaltungen zu entkommen oder niemals meine Hand unnötigerweise in einen finsteren Kuh- oder Pferdepopo zu schieben, um dort genau nichts zu ertasten außer warme Dunkelheit. Noch heute kann ich voller Stolz sagen, dass ich niemals bei irgendeiner Art der Tierquälerei, die dort wirklich serienmäßig stattfand, mitgemacht habe, alles unternommen habe, was in meiner Macht stand, dem Treiben entgegenzuwirken, und das Studium meisterte, ohne eine einzige freiwillige

Vorlesung zu besuchen. Denn man kann fast alles aus Büchern und Skripten erarbeiten, ohne dass man es vorgetragen bekommt oder es unbedingt selbst erfahren muss- wenn man klug oder motiviert genug dazu ist. Was schon wieder überheblich klingt, aber doch in Wahrheit nur der Not gehorchend geschah. Ich habe mich tausendmal gefragt, warum ausgerechnet jemand wie ich freiwillig diese Qualen auf sich nahm, anstatt Jus oder Kunst zu studieren. Die Wahrheit ist, ich war stur wie der Teufel, ich dachte, ich könnte etwas verändern, zum Guten für die Tiere und nur das hielt mich verzweifelt aufrecht. Während rings um mich die fröhliche Studentenschar Feste feierte und ungerührt an Tieren übte, die sich vor Entsetzen fast schreiend durch die Stalldecke katapultierten, sobald sich auch nur irgendwo in weiter Ferne ein weißer Mantel näherte. Ich überlebte das verpflichtende Schlachthofpraktikum mit tausend Krankenständen, ich überlebte andere Praktika und dubiose Trainingsmethoden auf der Pferderennbahn, den universitären grauenhaften Milchbetrieb, wo man schreienden Mutterkühen die Kälber sofort nach der Geburt entriss und sie lieber einsam in Plastikboxen im Freien bei strengstem Frost mittels Milchaustauscher aufzog. Ich überlebte die

Nachtdienste der Chirurgie, holte vor Angst und
Verzweiflung schreiende Hunde aus ihren kalten,
stinkenden Metallboxen einzeln nachts zu mir ins
warme, sichere Nachtdienstzimmer, beruhigte sie und
legte sie in mein Bett, damit sie sich vom Stress erholen
konnten. Sie waren auf der Stelle entspannt und
schliefen brav durch. Ich überlebte sowohl die
Geburtshilfe als auch die Interne, wo ich überall aneckte,
man mich mied wie einen Aussätzigen oder den
Leibhaftigen und von wo ich hauptsächlich eines ins
Berufsleben mitnahm: Bela, werde bloß niemals so wie
die! Ich überlebte traurige Kuhaugen, die mich
hilfesuchend anschauten, gequälte Pferde, halbtote
Hunde und sehr viele sinnlose Operationen an Tieren,
die ohnehin kurz darauf verstorben wären.
All das nahm ich mit und eröffnete eine eigene
Tierarztpraxis, um so etwas nie wieder erleben zu
müssen. Und auch um all das wieder gutzumachen, was
dort geschehen war, ohne dass ich daran etwas hätte
ändern können.
Die meisten Absolventen fühlen sich auch nach dem
Studium ihrer Universität sehr verbunden oder schicken
Patienten dorthin, wenn sie selbst nicht mehr weiter
wissen. Ich habe nach Beendigung meines Studiums nie

wieder einen Fuß über die Schwelle der Alma Mater gesetzt.

Und das wird auch in Zukunft so bleiben.

„Freude an einem Hund haben sie erst, wenn sie nicht versuchen, aus ihm einen halben Mensch zu machen. Ziehen sie stattdessen doch einmal die Möglichkeit in Betracht, selbst zu einem halben Hund zu werden."

-Edward Hoagland-

WIE EINFÜHLSAM SIND TIERÄRZTE WIRKLICH?

Was genau macht eigentlich einen guten Tierarzt aus? Da gibt es ganz unterschiedliche Ansichten, von Kollegen genauso wie von Kunden. Aus der Sicht der Kollegen ist man nur dann gut, wenn man möglichst viele Fortbildungen besucht, sich in möglichst vielen Sparten zuhause fühlt, die neuesten und teuersten Instrumente zur Verfügung hat, sich nicht wirklich zu intensiv gefühlsmäßig auf ein Tier und seinen Besitzer einlässt und mit möglichst wenig Zeitaufwand möglichst viel Umsatz machen kann. Aus der Warte der Patientenbesitzer ist es oft so, dass man den Tierarzt meist dann für gut befindet und weiterempfiehlt, wenn er billig ist. Erst danach kommen Freundlichkeit, Fachwissen oder Praxisausrüstung. Erst an letzter Stelle steht die Sensibilität gegenüber dem Tier. Ich habe Hundehalter erlebt, die gingen dermaßen brutal mit ihrem Tier um, während das arme Wesen vor Angst nicht ein noch aus wusste. Kein Funken Verständnis, kein gutes Wort! Gerade, dass sie ihren Hund nicht packten und mir gefesselt und geknebelt auf den Tisch warfen. Ich habe solche erlebt, die bei jedem Arztbesuch von ihrem Tier Kunststücke abverlangten. (Frage am Rand: würden Sie gerne eine Rolle rückwärts machen, wenn Sie ein gesundheitliches Problem oder Angst vor einer Spritze haben?) Ich kenne aber auch Kollegen, die sehr brutal agieren und Null Feingefühl gegenüber dem Tierpatienten besitzen. Für beide Kategorien fehlt mir jegliches Verständnis. Jemand, der so mit einem Tier umgeht, sollte keines haben. Jemand, der ein krankes Tier so behandelt, hat den Beruf verfehlt. Tatsache ist, Hundebesitzer verlassen sich meist auf mündliche Empfehlungen, ob ein Tierarzt gut ist. Was dem einen aber großartig erscheint, ist für den andern noch lange nicht gut.

Den richtigen Tierarzt finden

Als kleine Empfehlung würde ich folgende Punkte erfragen:

- Geht der Tierarzt auf Terminsonderwünsche ein?
- Macht er nötigenfalls Hausbesuche?
- Erklärt er die Behandlung verständlich?

- Ist sein Umgang mit dem Hund freundlich, offen, gewaltfrei, ohne Zwangsmaßnahmen und vermeidet er jeglichen unnötigen Stress für das Tier?
- Verzichtet er auf Beißkorb und stundenlange Untersuchungen sowie langatmige Diskussionen?
- Ist er dem Hund sympathisch? Denn es ist doch so: Sie müssen ihn nicht nett finden. (Sie müssen ihm bloß vertrauen können.) Ihr Hund aber schon!

Den „richtigen" Tierarzt zu finden ist gerade für hochsensible Hunde enorm wichtig. Wenn der Hund „seinen" Arzt gut kennt, kann er ihm auch vertrauen. Denn ein überfülltes Wartezimmer, der beißende Geruch von Desinfektionsmittel, Blut, Gefahr, Narkosegas, Angst, Krankheit und Tod, stickige, ungelüftete, nicht ausreichend klimatisierte Räumlichkeiten sowie bellende und jaulende fremde Hunde, Beutetiere wie Katzen, Hasen und Frettchen am Sessel nebenan, lange Wartezeiten, ein total gestresster Besitzer und vielleicht noch eine lange Anreise in einem öffentlichen Verkehrs-mittel machen Angst. Angst ist die beste Voraussetzung, um einem HSH einen Tierarztbesuch so unerträglich wie möglich zu gestalten. Ist ja auch bei Menschen nicht anders!

Ist Ihr Tierarzt hingegen ein HSM, werden Sie eine Praxis vorfinden, in der Sie sich selbst sofort wohl fühlen. Ihr Hund wird gerne dort hineingehen, da es nicht nach Folterkammer sondern dezent neutral, möglicherweise blumig, aber niemals nach ätzenden Desinfektionsmitteln oder Gefahr riecht. Das Wartezimmer ist garantiert tierfreundlich gestaltet, die Wartezone für Katzen von den Hunden räumlich getrennt, es stehen für Katzenkörbe erhöhte Ablagen bereit und der Wartebereich sieht eher wie ein freundliches, hübsches Wohnzimmer aus. Leise, entspannende Musik, dezente, nicht zu grelle Spots und hübsche Bilder runden das Ambiente ab. Infomaterial für die Zweibeiner, eine Assistentin, die schon freundlich die Daten aufnimmt, um Wartezeiten zu vermeiden und eine telefonische Terminplanung, damit es keinen Stau gibt- HSM werden das gleich wie HSH zu schätzen wissen! Der Hauptgrund, weshalb Ihr Hund aber gerne dort hineingeht, ist der: Er weiß, ihm droht keine Gefahr. Ich hatte Hundepatienten, die zogen schon zwei Häuserecken von meiner Praxis entfernt zu mir herein, oder kamen einfach gerne nur zu Besuch vorbei. Was mich sehr freute. Dann gab es natürlich kleine Naschigkeiten. Darauf beruht das Vertrauen: es tut nicht immer weh, wenn man zum Onkel Doktor geht! Man kann auch mal so vorbeischauen, auf ein Keksi, ohne dass man gleich auf einen viel zu rutschigen Tisch gehoben wird und die böse Biene kommt. Onkel Bela hat große Hunde nur am Boden untersucht, nachdem sie sich gründlich umsehen durften und sich sicher fühlten. Dabei konnte man meist sehr gut die ganze Palette der Beschwichtigungssignale sehen, die die Hundebesitzer durch die Bank völlig fehl interpretiert hatten. Ob Sie es glauben oder nicht: Hunde verstehen, wenn man zu ihnen sagt „Sorry, das wird ein klein wenig pieksen! Du entschuldige Süßer, aber die kleine Biene kommt jetzt und macht dich gesund. Kuck doch mal zu Herrchen! Alles ist gleich vorbei!". Sie lachen? Das ist nicht zum Lachen, sondern sogar enorm wichtig! Das beruhigt die Besitzer, denn die schmunzeln dann auch, entkrampfen und entspannen sich und das überträgt sich sofort auf den Hund. Der dann ruhig wird. Was ungefähr im Hundegehirn heißen könnte „Ach, Herrchen ist auch ruhig und lacht! Dann kann"s ja nicht so schlimm sein!". Ein Lächeln ist bei Menschen ansteckend und entspannend. Warum sollte es bei Tieren anders sein? (Übrigens, auch andere Säugetiere wie Schimpansen oder Ratten können bei ihren Artgenossen positive Emotionen durch ihr Verhalten auslösen. Forschende wiesen diese Eigenschaft nun erstmals auch bei einem Vogel, dem intelligenten Bergpapagei Kea, nach. (Die Studie "Positive emotional contagion in a New Zealand parrot " von Raoul Schwing, Ximena J. Nelson, Amelia Wein und Stuart Parsons wird nach Embargoende in Current Biology veröffentlicht.) Also komme mir bitte keiner mit der missverstandenen Mimik. Hunde sind nicht so dumm, wie man sie gerne hinstellt. Sie interpretieren die hochgezogenen Mundwinkel ihres Menschen keineswegs falsch. Onkel Bela hat immer die dünnstmöglichen Nadeln verwendet, die übrigens nicht mehr kosten als normal dicke Nadeln. Was aber den meisten Kollegen entweder egal ist, zu langsam geht oder nie in den Sinn kommen würde. Sie wissen bereits warum. Es sind Krieger. Die kennen keinen Schmerz! Die Wahrheit ist, HSM sind unter Tierärzten äußerst selten zu finden. Was logisch ist, da die meisten HSM dieses Studium gar nicht durchstehen würden. Sie verzweifeln alle bereits am Anfang oder mittendrin. Oder fangen gar nicht erst damit an. Und deshalb gibt es so viele unsensible Kollegen. Auch sie meinen es nicht böse. Sie können gar nicht anders! Sie sind vielleicht gute Diagnostiker, aber für HSH eine wahre Katastrophe. Aus diesem Grund sind viele Hunde, die bereits schlechte erste und nachfolgende Erfahrungen mit „unsensiblen" Kollegen machen mussten, so ängstlich, ja geradezu panisch, wenn sie zum Tierarzt müssen. „Es wird wieder furchtbar weh tun!", sagt das Hirn, „Ich werde mich wieder zu Tode fürchten!", sagt die Seele und schon bricht Panik im Hundeuniversum aus. Das wäre vermeidbar. Ginge man von Anfang an sensibler mit Hunden um. Dazu gehört auch, dass man seine tierischen Patienten nicht unbeaufsichtigt vom Tisch fallen lässt, sie eben nicht mit den dicksten weißen oder gelben Nadeln traktiert, sie nicht in Stellen sticht, die garantiert weh tun, ihnen nicht bei jedem Besuch die Krallen schneidet bis sie bluten, ihnen nicht brutal das Maul aufreißt und mit der Pinzette Tabletten tief in den Rachen schiebt, ihnen nichts spritzt, was brennt und ihnen nicht das Maul mit einem Strick zubindet aus lauter Angst, von ihnen gebissen zu werden. Ich wurde während meiner ganzen Praxiszeit niemals gebissen, es gab keinen Hund, der nicht gerne wieder zu mir hereinkam und ich musste niemals einen Beißkorb

verwenden. Niemals! Gibt einem das nicht zu denken?
Woran liegt das?

Hunde haben ein feines Gespür für Menschen, die ihnen nicht gefährlich sind.

HSM haben einen tiefen Bezug zum Tier, sie können in ihrem Gegenüber „lesen", was los ist, was sie tun müssen, um dem Tier seine Angst zu nehmen. Hunde wissen das zu schätzen. Unsensible Menschen bekommen solche Feinheiten nicht mal mit. Sie wundern sich nur und fragen dann allesamt staunend bei ihrem nächsten Besuch: „Herr Doktor, mein Hund kommt so gerne zu Ihnen in die Praxis. Das macht er sonst nie, er hat sich immer zu Tode gefürchtet, wenn er zum Tierarzt musste!". Der Herr Doktor lächelte, schwieg und freute sich.

Den Tierkörper „lesen" können

Den Tierkörper „lesen" können- was heißt das? Wenn HSM über ihren Bezug zu Tieren sprechen, hört man Aussagen wie diese: „Ich erlebe es wie ein stilles Verstehen, eine tiefe, bedingungslose Verbindung - voll Respekt und Achtung. Auf Augenhöhe, wunderbar - frei und verbunden." (Alma Kathrin W.) Ruth H. schreibt: „Es ist eine Verbindung, die man nicht erklären kann, aber es ist wunderschön." Michi G. meint dazu: „Mein Hund und ich haben uns nur anschauen müssen und verstanden - ich kann auch bei Menschen im Gesicht lesen...".

Diesen Aussagen schließe ich mich voll und ganz an. Auch ich kann den Tierkörper lesen. Ich erfasse beispielsweise sekundenschnell, ob ein Tier seine Krankheit überleben wird oder ob es bereits ein hoffnungsloser Fall ist. Und zwar bevor ich das Tier überhaupt untersucht habe. Ich spüre seine Angst und sein Vertrauen. Manchmal spüre ich auch direkt wo es fehlt. Nun ist es ja gerade in der Tiermedizin sehr wichtig, mit einem gewissen Instinkt für die Befindlichkeit seines Gegenübers ausgestattet zu sein, da unsere Fellfreunde leider nicht sagen können, wo es weh tut. Und wenn der Besitzer keinerlei Informationen mitbringt, weil er sein Tier schlecht oder gar nicht beobachtet hat, ist es meist ein Puzzle, zu einer Diagnose zu kommen. Das „Lesen" hat nichts mit Hokuspokus oder Hellsehen zu tun. HSM spüren solche Dinge einfach intuitiv und das macht sie auch zu sehr guten Ärzten oder Tierärzten, großartigen Psychologen, fairen Richtern oder einfühlsamen Krankenschwestern. Auf der anderen

Seite ist genau das der Grund, weshalb man diese Gabe gerade in dieser Branche als Fluch bezeichnen kann. Man spürt Dinge, die man eigentlich gar nicht so genau spüren will. Es belastet. Sehr sogar. Es macht traurig, betroffen und sehr einsam. Denn andere, die das nicht können, halten einen für verrückt oder neben der Spur. Eine Euthanasie beispielsweise ist für einen hochsensiblen Tierarzt jedes Mal eine große Herausforderung. Oft war ich am Verzweifeln. Vor allem wenn man den Hund jahrelang ab der Welpenstube begleitet hat. Man sah ihn heranwachsen, sah ihn altern, und dann musste man ihn ins Jenseits begleiten. Selbst wenn es tausend Mal die richtige Entscheidung ist, selbst wenn der Hund unheilbar krank und steinalt ist oder Schmerzen leidet, selbst dann ist es immer so, dass sich der Tierarzt fragt: Warum gerade ich? Warum muss ich hier der Engel des Todes sein, derjenige, der Gott spielt und Leben nimmt, der die Verantwortung trägt für das Ende, der dem Besitzer das Liebste nimmt, seinen besten Freund? Das Einzige, was man dann machen kann, ist das Licht zu dämmen, den Hund sanft einschlafen zu lassen, nicht zu sehr über den Schmerz nachzudenken, der im Raum steht wie ein riesengroßes Gespenst, gleich neben dem Tod, der schon darauf wartet, seinen Gast in Empfang zu nehmen, sobald das Herz zu schlagen aufhört. Viele Hundebesitzer drücken sich vor ihrer Verantwortung, dem Tier bis zum Schluss beizustehen. Das ist wohl die feigste Form überhaupt: sich aus dem Staub zu machen, wenn der Freund einen am dringendsten braucht. Viele schämen sich für ihre Tränen. Man kann sich wirklich für viel schämen. Aber nicht für seine Tränen. In einer Zeit, in der Menschen bereits so abgestumpft und gefühllos geworden sind, ist das Einzige, was wirklich zählt, unser Mitgefühl und unser Herz. Wenn man weint, zeigt man seinen Kummer öffentlich. Das Gegenüber kann darauf reagieren und den Weinenden trösten, indem es ihn in den Arm nimmt oder einfach Taschentücher reicht. Kummer ist doch zutiefst menschlich. Und beweist, dass man sein Tier aufrichtig geliebt hat. Dazu gehört auch, dass man den Leichnam des Hundes in Gegenwart des Besitzers respektvoll behandelt, weder mit dem Fuß daran stößt, um zu sehen, ob der Hund noch lebt (ja, das gibt es), noch ihn unmittelbar vor dessen Augen unvorbereitet in einen schwarzen Sack stopft. Der Fluch HSM bedeutet für einen HSM-Tierarzt, die Verzweiflung des Menschen über den Tod des Hundes in Akzeptanz zu verwandeln, um Trauer zuzulassen. Dies ist deshalb so schwierig, weil der HSM-Tierarzt auch immer sehr mitbetroffen ist. Ich habe einige Male selbst geweint, nachdem das Herz eines durch meine Hand ausgelöschten Hundelebens nicht mehr geschlagen hat. Ich habe mich natürlich sehr beherrscht und bin schnell genug aus dem Raum gegangen, meist waren die Patientenbesitzer ohnehin gelähmt vor Kummer und bemerkten mich gar nicht. Aber manchmal, vor allem wenn ich den Hund sehr gut kannte, übermannte mich das Mitgefühl und ich weinte vor oder mit dem Besitzer gemeinsam. Ich habe mich dafür entschuldigt. Und glauben Sie mir, keiner nahm es mir je übel. Denn sie wussten alle, dass meine Anteilnahme ehrlich war. Fluch war es deshalb, weil es mich jedes Mal fast genauso mitnahm, als wäre es mein eigener Hund gewesen. Und das macht dem Körper auf Dauer sehr zu schaffen, wenn er wie ein Schwamm unaufhaltsam Kummer und Sorgen fremder Menschen und Hunde aufsaugt und sie zu seinen eigenen macht. Besonders im Notdienst, den ich zusätzlich noch neben meiner Praxis nachts, am Wochenende und an Feiertagen mit ein paar Kollegen betrieb, hatte ich hauptsächlich mit sehr schweren Unfällen und Euthanasien am laufenden Band zu tun. Während die anderen das Geld sahen, sah ich den Kummer und wurde immer gestresster. Burn-out wurde langsam ein Thema, obwohl ich es nicht wahrhaben wollte. Ich verdrängte den Gedanken, weil er mir geradezu lächerlich erschien. Und dann geschah es eines Tages, dass ich von einer Sekunde auf die andere ernsthaft erkrankte. Ich wechselte die Seiten, wurde vom Arzt zum Patienten und stand auf der Kippe des Todes. Und verkaufte notgedrungen von einem Tag auf den anderen meine gutgehende Praxis. Ich begann um mein Leben zu kämpfen und ich wusste, sollte ich diese Schlacht gewinnen, gäbe es niemals mehr ein Zurück zu diesem Beruf. Ich begann mir einzugestehen, dass Menschen wie ich, die stets versuchten ihr Bestes zu geben, was dennoch nie genug war, die immer auf andere Rücksicht nahmen und sich selbst an letzte Stelle stellten, irgendwann den Preis dafür bezahlen. Ich gestand mir vor allem eines ein: ich hasste es, Tieren und Menschen Kummer und Schmerz zu bereiten, ich hasste diesen Beruf und ich hasste auch mich. Ich begann zu schreiben. Es ging mir besser. Dabei blieb ich auch, wie Sie gerade selbst sehen können. Vielleicht kann genau dieses Buch, welches Sie da eben in Ihren Händen halten, Ihr Leben, sollte es annähernd die gleichen Züge wie meines aufweisen, komplett zum Positiven verändern. Das würde mich sehr freuen und aufrichtig stolz machen. Selbstverständlich macht es mich genauso glücklich, wenn es Ihrem Hund hilft, gesund und froh zu sein.

Sie sehen also, alles ist miteinander verwoben.

Mensch und Hund verbindet ein tiefes Band.

Nur deshalb habe ich solange über mich gesprochen. Damit Sie es auch wirklich verstehen können, falls Sie selbst nicht hochsensibel sind.

Und damit Sie in weiterer Folge auch Ihren Hund besser verstehen können, falls dieser hochsensibel sein sollte.

HOCHSENSIBLER HUND – WAS HEIßT DAS?

Was man genau unter der Definition eines hochsensiblen Hundes versteht, lässt sich am besten erklären, wenn wir noch einen kurzen Blick auf hochsensible Menschen werfen, die sich durch eine erhöhte Wahrnehmungsleistung in sehr vielen Lebenslagen auszeichnen. Es bedeutet, dass deren Nervensystem andauernd überfordert ist und zwar durch alle äußeren Einflüsse. Vergleichbar etwa mit einem ständig übertourig laufenden Automotor. Oder auch mit einem Radio, das unentwegt aufgedreht ist und weder einen Regler für die Lautstärke noch für die Frequenz besitzt. Daher ist man gezwungen, ununterbrochen alle Kanäle gleichzeitig und in voller Lautstärke zu hören, ob man nun will oder nicht. Zu viel Lärm macht bekanntlich schon normale Menschen krank. Bei hochsensibel geborenen Menschen und Tieren fehlt im Nervensystem jener Filter, der es ihnen ermöglicht, wichtige von unwichtigen Reizen zu trennen. Was erklärt, warum die meisten „normalen" Menschen Lärm, Berührungen, Gerüche, Sonnenlicht oder ähnliche Sinneseindrücke absolut ausblenden oder einfach als uninteressante Hintergrundkulisse einordnen können, während HSM diese Fähigkeit dank mangelnder Wahrnehmungs-rezeptoren völlig fehlt. Sie leben in einer Welt, in der unentwegt alle Reize ungefiltert in ihr Gehirn einströmen, ohne dass dieses jemals nur die geringste Ruhepause einlegen kann. Tausend Eindrücke, völlig ohne Abwehrschirm. Ob Autokennzeichen oder Gesichter, Bewegungen oder Emotionen, die andere unbewusst aussenden: das Gehirn muss unentwegt die einströmenden Reize aufnehmen und kleine Geschichten dazu bereitstellen, nimmt alles unendlich schärfer und viel zu klar wahr. Es ist, als müssten Sie den ganzen Tag Achterbahn fahren, während eine Superbassanlage mit über 150 Dezibel ständig in Ihre Ohren dröhnt und ein 500 Watt Scheinwerfer direkt in Ihre Augen leuchtet, dabei ununterbrochen die Farbe wechselt und nebenbei jemand unentwegt auf Sie einredet. Sie können nichts, rein gar nichts dagegen unternehmen. Ist das Nervensystem erst einmal überreizt, reagiert der HSM wie eine völlig überdrehte, unharmonische, fremde Person. Er reagiert über. Eine

Wahrnehmungsbegabung, die man sich weder ausgesucht hat noch wünscht. Hintergrundgeräusche wie Bohrmaschinenlärm, das Dröhnen des Staubsaugers, Tellerklirren beim Ausräumen des Geschirrspülers, intensive Berührungen und sogar optische Eindrücke führen zu einer permanenten Überstimulation der Nerven. Es reicht schon aus, wenn Ihnen jemand gutgemeint aber besonders hart auf die Schulter klopft. Im Fall des Hundes ist es ein lobendes Abklopfen statt eines sanften Streichelns. Hunde sind keine Kühe. Die meisten mögen das Geklopfe genauso wenig wie über den Kopf gestreichelt zu werden. Das mögen übrigens Kinder auch nicht. Die einen fühlen sich dabei bedroht, die anderen unwohl. Auch die Gefühle anderer prasseln ständig auf Hochsensible ein wie Dauerregen. Sie nehmen alles wahr: negative Schwingungen, schlechte Aura, Freud und Leid. Ja, das tun andere auch, werden Sie nun sagen. Da haben Sie Recht. Aber nicht in dem Ausmaß. Andere können das ausblenden, abschalten, sich abgrenzen. HSH und HSM können das leider nicht. Sie sind allen Eindrücken schutzlos ausgeliefert. Was zu physischen und psychischen Erregungszuständen vor allem während und nach neuen ungewohnten Situationen führt. Ständig ungefiltert Außenreize aufzunehmen, ständig negativen Schwingungen ausgesetzt zu sein und diese aufzusaugen wie ein Schwamm, schwächt das Immunsystem, macht enorm verletzlich und körperlich schwach und lässt HSM jeden Konflikt weitgehend vermeiden. Die meisten HSM können zudem nur sehr schlecht Nein sagen oder sich gegen Grenz-überschreitungen zur Wehr setzen. HSM werden daher oft als entscheidungsunfähig oder wankelmütig hingestellt, während sie einfach nur verzweifelt versuchen, Konflikte zu verhindern, sich minütlich neuen Situationen intuitiv anzupassen. Oder Menschenmassen überhaupt zu umgehen, um sich ungefilterten, hochgradig aggressiven Situationen oder einer extrem angespannten, feindseligen Atmosphäre zu entziehen. Gelingt das nicht, werden sie krank. Meist gelingt es leider nicht. Krankheitsbeschwerden treten immer dann auf, wenn ihre Bedürfnisse und Grenzen wieder einmal ignoriert oder übersehen wurden. Und das passiert ständig, solange der Betroffene keine Ahnung hat, warum er in einer Welt lebt, die keiner außer ihm als bedrohlich oder höchst anstrengend wahrnimmt. Gesundheit und Wohlbefinden können erst erreicht werden, wenn der hochsensible Mensch versteht: Ja, ich bin wirklich anders als die anderen. Ich bin hochsensibel! Ich darf mir Ruhe und öfter als die anderen eine Auszeit gönnen, ich darf mir eingestehen, hochsensibel zu sein. Erst dann kann man ein Leben als vermeintlicher Alien und Grenzgänger in ein anerkanntes Leben als hochsensible Person umwandeln und zu sich sagen: „Ich bin eben so. Es ist nicht mein Problem, es ist das der anderen, der unsensiblen Menschen! Wenn die auf mich keine Rücksicht nehmen wollen oder können, muss ich leider den Kontakt abbrechen oder ausreichend Abstand nehmen, um nicht krank zu werden. Ich bin hoch-sensibel. Das ist keine ansteckende Krankheit. Es ist eine sehr seltene, wertvolle Gabe. Und es ist großartig!"

Und jetzt stellen Sie sich bitte einmal dieses Szenario für den Hund vor. Als geräuschempfindliches Lebewesen, das ohnehin alles zehntausend Mal lauter wahrnimmt als der Mensch; als ein Lebewesen, das Gerüche erschnüffelt, von denen wir nicht mal träumen können (oder können Sie Krebszellen riechen?), das dem Erdboden näher ist als wir, und das sich dem Terror ringsumher nicht einfach entziehen kann wie wir. Denn der Hund ist von seinem Menschen abhängig und ihm völlig ausgeliefert. Wir reden von einem Tier, das vor allem eines möchte: dem Menschen gefallen und ihm alles Recht machen! Ein Hund, der hochsensibel ist, nimmt, gleich wie der hochsensible Mensch, seine Außenwelt als ein einziges Schlachtfeld der Reize wahr, die unentwegt auf ihn einstürzen. Auch er reagiert auf Überreizung mit Überreaktionen. Auch für ihn ist es zu laut, zu schnell, zu grell, zu bunt. Wenn nicht sogar noch mehr als für den Menschen. Hunde ruhen sich gerne aus. Sie haben ein enormes Ruhe- und Schlafbedürfnis, dem der Mensch unentwegt entgegenwirkt, in dem er seinen Hund ständig mitnimmt: ins Büro, ins Shoppingcenter, auf den Weihnachtsmarkt, den Rummelplatz, in die Diskothek, ins Wirtshaus, in den öffentlichen Verkehrsmitteln. Das mag ja für einige wenige, bereits sehr abgestumpfte oder unsensible Tiere kein Problem sein. Für sensible und hochsensible Hunde bedeutet das mit Sicherheit puren Horror. Kein HSH möchte in Menschenmassen an einem Halsband hinterhergezogen werden, vor einem Supermarkt neben den Einkaufswägen angebunden warten, stundenlang in überhitzten Einkaufshäusern über spiegelglatte Böden laufen oder am Wochenende alt, gebrechlich oder untrainiert Bergtouren absolvieren. Hinter dem Fahrrad am Straßenrand herzurennen oder im heißen Auto zu warten, brüllenden Kleinkindern ausgeliefert zu sein oder in Hundevereinen in einer stinkenden finsteren Box neben fremden Hunden abzuwarten, bis Herrchen das Bier ausgetrunken hat- so stellt sich mit Sicherheit kein HSH sein Leben vor.

Ein hochsensibler Hund kommt mit seiner Hoch-sensibilität bereits zur Welt, genau wie der Mensch. Bestenfalls hat er eine großartige Welpenstube, darf ohne Gefahr und mit viel Zuwendung von seiner Hundemama und deren Zweibeiner langsam alles Neue und Unbekannte erkunden, wurde einfühlsam auf die Welt der Menschen vorbereitet und erlebte niemals schlimme Dinge, weder beim ersten Tierarztbesuch, noch durch einen traumatischen Notkaiserschnitt. Bleibt zu hoffen, dass er auch eine schöne Junghundezeit hatte, um bis ins hohe Alter ein glückliches Leben als erwachsener Hund zu führen. Die Realität sieht leider anders aus. Die meisten Welpen werden viel zu früh von der Mutterhündin weggenommen, kommen in hunde-unkundige Hände, wandern von Hinterhofvermehrern zu Tierhandlungen, werden in LKW oder Kofferräumen von der Welpen-Mafia verschachert, von Besitzer zu Besitzer weitergereicht und landen meist irgendwann im Heim, spätestens, wenn der letzte Besitzer keinen Bock mehr auf das Tier hat. Denn ein Hund macht Arbeit. Wenn menschlicher Nachwuchs ins Haus steht oder die Sommerferien beginnen, quellen Tierheime über, landen diese Hunde ausgesetzt auf Autobahnen oder irgendwo angebunden im Wald. Nun ist ein Tierheimaufenthalt schon für einen stabilen, durchschnittlichen Hund der pure Horror. Was das aber für ein hochsensibles Tier bedeutet, kann man sich vorstellen, wenn man in Hundeaugen blickt, die sich völlig aufgegeben haben. Dazu muss man nicht ins Ausland reisen. Reden wir einmal nur von Österreich und Deutschland. Gehen Sie in ein Tierheim. Sie können die Aura des Schreckens bereits riechen. Dazu müssen Sie gar nicht besonders sensibel sein. Es stinkt bestialisch. Es stinkt für die Hunde noch bestialischer. Sogar die Tiere selbst stinken dort bestialisch. Es ist ein Geruch, der einem auch in den Hundezwingern der Tierkliniken den Magen aushebelt- diese Mischung aus Desinfektionsmittel, nassen Hundehaaren, Verzweiflung, Angst und Tod gemischt mit Kot, Urin, Blut, Kaffee, Zigaretten, verdorbenem Hundefutter und feuchten Putzlappen. Dieser Geruch verbeißt sich in den Haaren der dort lebenden Tiere und benebelt die Sinne völlig. Kommt ein Neuzugang ins Heim, muss es ihn schon bei der Eingangstüre vor Schreck zurückwerfen. Dieser Geruch ist auch der Grund, weshalb Hunde nicht gerne eine Tierarztpraxis betreten. Sie riechen schon von weitem, was dort auf sie wartet: die Angst, den Schmerz, das Grauen, die Ungewissheit. Riecht es irgendwo schrecklich, ist es meist auch schrecklich. Besonders, wenn man unangenehme Erfahrungen mit einem bestimmten Geruch verknüpft, weigert sich der Körper reflexartig, dort hineinzugehen. Dazu kommt ein meist sehr unsanfter körperlicher Umgang mit dem ohnehin ängstlichen hochsensiblen Tier. Sie kennen das sicher vom Zahnarzt. Niemand geht gerne dorthin, wo es nach Mundspülung, Blut, abgeschliffenen Zähnen und Zahnstein riecht, da kann das Gesicht vom Zahnarzt noch so nett sein. Dazu kommen die Geräusche. Was beim Zahnarzt der Bohrer ist, ist das Gebell der eingesperrten Hunde im Tierheim. Denken Sie nur an das Scheppern der schweren Gittertüren, die ins Schloss fallen und Gefängnis bedeuten. Ende der Freiheit, aus die Maus. Ausgeliefert sein an Menschen, die meist alles andere als zimperlich mit den Vierbeinern umgehen. Unentwegt wird geschrien, gebellt, gejault, geknurrt. Es gibt kaum eine ruhige Stunde. Kommt der Tierarzt, wird aus Angst gebellt. Kommt der Pfleger, bellen sie aus Freude, aus Hoffnung, dass ihr trister Gefängnisalltag ganz kurz von Zuwendung erhellt wird, und sei es nur für eine kurze Minute, in der eine Hand durch das Gitter greift und den Hund freundlich berührt. Kommt das Futter, wird gebellt. Kommt ein Neuzugang, wird gebellt. Geht einer, wird gebellt. Stirbt einer, wird auch gebellt. Es wird rund um die Uhr gebellt.

Das macht krank!

Das ist auch der Grund, weshalb hochsensible Hunde zuallererst einmal eines brauchen: Ruhe. Stille. Zeit, anzukommen und auszuruhen. Eintauchen in den neugewonnenen Frieden eines eigenen Zuhauses. Sie brauchen eine sehr lange Auszeit, um sich wieder seelisch und körperlich von einem erschöpfenden Tierheimaufenthalt zu erholen. Bei manchen gelingt das gar nicht mehr. Was sie mit Sicherheit nicht brauchen, ist eine komplette Familienaufstellung, ein Weihnachtsfest, einen Kindergeburtstag oder eine Urlaubsreise in den ersten Tagen im neuen Zuhause. Hunde, die sich bereits aufgegeben haben und dann auch noch in die „falschen Hände" geraten, können ohne diese Auszeit, die sie nicht erhalten, nie wieder in die Gänge kommen. Deshalb wandern sie auch meist wieder ins Heim retour. Gelten als aggressiv, bissig oder nicht vermittelbar. Und vegetieren irgendwo im Zwinger vor sich hin, gemeinsam mit jenen Hunden, die dort sterben, weil sie niemand mehr abholt, sich nie jemand für sie interessiert hat und sie niemals eine Chance hatten, obwohl sie doch wirklich ganz großartige Hunde waren.

Denn alle Hunde sind großartige, gute Hunde.

So wie alle Menschen irgendwann einmal großartige, gute Kinder waren, die durch schlechte Erfahrungen zu bösen Menschen wurden. So einfach ist das.

Lebewesen werden nicht böse geboren, sie werden böse gemacht. Und daran ist immer nur eine Spezies schuld: der Homo Sapiens. Besonders arm dran sind die, die sich nicht wehren können und noch dazu hochsensibel sind. Die Kinder, die Alten und die gefangenen, eingesperrten Tiere.

Dazu zählt auch der Hund.

Der siebte Sinn

Man spricht hochsensiblen Menschen einen "sechsten" oder "siebten" Sinn zu, der sie überdurchschnittlich empathisch, fast schon medial macht. Manche nennen es besonders feinfühlig, hellhörig oder einfach aufgeschlossen für Wahrnehmungen außerhalb unserer alltäglichen Sicht. Vorreiterin war Dr. Elaine N. Aron, die das Thema Hochsensibilität in ihrem Buch "The Highly Sensitive Person – How to Thrive When the World Overwhelms You" 1997 erstmals öffentlich machte- und damit vielen HSM das Leben unendlich erleichterte. Es gibt auch noch andere da draußen, die so sind wie ich! Man spürte fast, wie ein Fünftel der Menschheit erleichtert aufatmete. Nun konnte man endlich sein Anderssein erkennen, zuordnen und musste sich nicht damit abfinden, wie ein Fremder in der eigenen Haut zu leben. Man durfte einen siebten Sinn für Dinge haben, ohne in die trübe Einheitskiste der Clowns, Heiler, Flüsterer, Mediatoren und sonstigen Gaukler eingeordnet zu werden. Tieren erkennt man schon lange einen siebten Sinn zu. Hunde wissen, wann ihre Besitzer nach Hause kommen, auch wenn es immer zu unterschiedlichen Zeiten geschieht. Lange Zeit dachte ich, mein Hund erkennt meine Heimkehr am Geräusch des Motors in der Ferne. Aber selbst wenn ich zu Fuß unterwegs bin oder unangekündigt vom Urlaub heimkehre, er weiß es schon lange vorher. Ich komme nach Hause und er sitzt bereits seit zehn Minuten vor der Türe. Bei einem Tsunami flüchten Tiere als erste von der Küste ins Landesinnere. Mein Hund weckte mich eines Nachts, kurz bevor es zu einem Erdbeben der

Stärke sieben kam, und lockte mich in den Garten hinaus. Hunde (und Katzen) kehren Jahre später nach Hause zurück, obwohl sie tausende Kilometer weit weg durch unbekanntes Terrain laufen müssen. Tauben finden zum Taubenschlag zurück. Hunde spüren, ob es Menschen gut oder schlecht geht, sie nehmen wahr, ob jemand bald stirbt, sie wissen, wann etwas ernst gemeint ist oder nur Spaß, halten Abstand, wenn wir nicht gestört werden wollen, versuchen uns aufzuheitern, wenn wir depressiv sind oder spüren, wenn der tierische Gefährte seinen letzten Weg angetreten hat und nicht mehr wiederkehrt. Das alles nennt man den sechsten oder siebten Sinn. Dazu darf ich ein kleines Erlebnis schildern. Als ich eines Tages den Kater einer Freundin einschläferte, war ich besonders traurig, weil ich sowohl den Kater als auch die Besitzerin sehr mochte. Als die Katze für immer eingeschlafen und die Besitzerin tränenüberströmt gegangen war, schritt ich quer durch das Behandlungszimmer, um das Fenster zu öffnen. Die tote Katze lag zugedeckt auf dem Behandlungstisch und ich machte energisch die paar Schritte zum Fenster, um es weit aufzumachen. Irgendwo habe ich einmal gelesen, dass man nach dem Tod eines Lebewesens das Fenster öffnen soll, um die Seele hinauszulassen.

Mir gefiel der Gedanke an die Freiheit der Seele und ich habe dieses Ritual all die Jahre beibehalten, obwohl ich dafür oft milde belächelt wurde. Ich war also auf dem Weg zum Fenster und ich schwöre, ich spürte wie etwas, ein Hauch der toten Katze, zuerst ein paarmal meine Beine umschmeichelte und dann direkt neben mir zum Fenster huschte. Ich öffnete das Fenster und sagte „Verzeih mir bitte und mach's gut!". Der Schatten, oder wie auch immer man das Phänomen der Seele nennen möchte, sprang in jugendlicher Frische auf das Fensterbrett und entschwand nach draußen. Ich habe lange Zeit darüber nachgedacht ob ich diese Geschichte der Besitzerin erzählen sollte. Irgendwann traf ich sie zufällig auf der Straße wieder, sie sprach von ihrer toten Katze und weinte. Ich erzählte ihr von der Begebenheit und sie hörte auf zu weinen, weil sie wusste, dass ihre Katze jetzt für immer frei war. Nun ist es ganz sicher nicht so, dass ich mich als Medium hinstellen möchte. Im Gegenteil. Einen Großteil meiner Zeit verbringe ich damit, gegen Heiler, Flüsterer und Tierkommunikatoren, die sich mit fremden Tierseelen im Jenseits für viel Geld unterhalten, zu wettern. Ich glaube nicht, dass es Menschen wirklich gelingt, mit toten Seelen zu sprechen. Was ich allerdings glaube ist, dass die Seele unsterblich ist und sich eine kurze Zeit nach dem Tod auf Erden aufhält. Damit allerdings Gewinn zu machen halte ich für höchst ehrenwidrig und falsch. Ich erzähle es Ihnen hier, weil sich in meinem Leben oft wissenschaftlich unerklärliche Dinge ereigneten. Ich glaube an das Band, welches Hund und Mensch untrennbar verbindet, auch wenn sie von einander räumlich getrennt sind. Rupert Sheldrake beschrieb dieses Phänomen als Morphische Felder innerhalb sich selbst organisierender Systeme und um sie herum, wie etwa bei sozialen Gruppierungen. Er beschrieb es mit folgenden Worten: *„So befinden sich beispielsweise die einzelnen Individuen in einer Schar von Vögeln oder einem Fischschwarm innerhalb des Feldes dieser Gruppe und reagieren auf Veränderungen in diesem Feld; daher können sie alle sehr schnell ihre Richtung ändern, ohne miteinander zusammenzustoßen. Morphische Felder koordinieren auch Tierherden oder Wolfsrudel. Die Mitglieder der Gruppe sind durch diese unsichtbaren Felder miteinander verbunden und selbst wenn ein Mitglied der Gruppe sich über die Reichweite der regulären Sinneswahrnehmung hinweg entfernt, bleibt es über dieses Feld mit den anderen verbunden. Das ist auch, meiner Meinung nach, genau das, was passiert, wenn Menschen in inniger Beziehung zu ihrem*

Hund oder anderen Haustieren stehen. Sie bleiben durch dieses Feld mit ihnen verbunden, auch wenn sie sich weit von zu Hause entfernen, so ähnlich wie durch ein dehnbares, elastisches Band." (Auszug aus Rupert Sheldrake im Gespräch mit „SEIN" über sein Buch „Der Siebte Sinn der Tiere", 2009)

Bekannt ist, dass Hunde im zweiten Weltkrieg Flugzeugangriffe und Bombenalarm lange vorher erspürten, meldeten und so ihre Menschen rechtzeitig retteten.

Wissenschaftler und Forscher der Hochschule (UDE) sowie der Tschechischen Agraruniversität Prag werteten 2014 in einer wissenschaftlichen Studie die Beobachtungen von 7000 Hundebesitzern aus, wie und ob Hunde unterschiedlicher Rassen bei Kot- und Harnabsatz ihre Körper ausrichten. Zuerst war keine Präferenz zu beobachten. Das Ergebnis verblüffte erst, als man die Daten unter der Berücksichtigung der Schwankungen des Erdmagnetfelds nochmals aushob. Hebt also ein Hund das Bein zum Markieren, richtet er sich dabei vorzugsweise entlang der magnetischen Nord-Süd-Achse aus, allerdings nur wenn das Erdfeld ruhig ist. Und nicht nach der Windrichtung oder nach der Höhe der Laterne.

Damit wurde der Beweis der Magnetwahrnehmung und des siebten Sinns bei Hunden für Zweifler endlich erbracht.

Als ein Kollege meinen Golden Retriever Rüden von seinen schweren Leiden erlöste, half mir eine Freundin, den toten Hund ins Auto zu verladen und im Garten zu begraben. Wir weinten beide jämmerlich, sie, weil sie kurze Zeit davor ihren eigenen Hund verloren hatte, ich, weil ich um meinen Freund trauerte, den ich so sehr geliebt habe. Gemeinsam gruben wir ein großes Loch im Garten. Gemeinsam legten wir den toten Hund hinein und schaufelten Erde darauf. Dann setzen wir uns auf meine Holzveranda im Garten und schauten auf die Buchsbäume und die Steine, die ich in die schwere, feuchte Erde gesetzt hatte, damit die Nachbarskatzen die Leiche nicht wieder ausgraben konnten. Wir öffneten ein paar Dosen Bier und stießen auf unsere Hunde an. Eine Stunde später schaute ich auf die Uhr. Sie war stehen geblieben, genau zu dem Zeitpunkt, als das Grab zugeschaufelt war. Nach einer längeren Trauerphase folgte ein neuer Hund nach, ein wunderschöner, dreizehn Jahre alter roter Akita aus einem spanischen Tierheim, eine Seele von Hund und leider todkrank. Ich hatte die Ehre, ihn die letzten zwei Jahre seines unglücklichen Lebens bei mir haben zu dürfen. Wir waren sehr traurig, als er im Winter um drei Uhr Nachts von einem Kollegen eingeschläfert werden musste. Noch in der gleichen Nacht verluden wir den toten Hund in den Kofferraum meines Autos um ihn am nächsten Tag zur TKD zu bringen, da man im gefrorenen Erdreich keine Tierleiche im Garten vergraben kann. Im Morgengrauen brachten wir den Hund weg. Wir kamen zurück und ein paar Minuten später leuchtete ein wahnsinnig heller, strahlender kleiner Regebogen direkt über seinem Lieblingsplatz. Unser Kleiner kam vorbei um sich endgültig zu verabschieden. Dafür war ich sehr dankbar. Und behielt es bis jetzt für mich. Nun erzähle ich es Ihnen.

„Wir müssen das Vertrauen und die Freundschaft unseres Hundes nicht erwerben, er wurde als unser Freund geboren."
-Maurice Maeterlinck-

Gefühle intuitiv erkennen

Warum verhält sich ein hochsensibler Hund manchmal fremden Menschen gegenüber so komisch, selbst wenn

die ganz nett sind und ihn sogar freundlich streicheln
wollen?

Da wäre zum einen die Geschichte mit dem
Angstschweiß. Hunde lassen sich nicht mit netten
Gesten abspeisen. Wenn Menschen so tun, als fürchten
sie sich nicht, aber in Wahrheit Bammel vor Hunden
haben, können sie vielleicht andere Menschen täuschen
und einen auf coole Socke machen. Hunde lassen sich
nicht überlisten. Sie riechen die Angst der Menschen an
deren Angstschweiß.

Ähnlich verhält es sich mit der Hochsensibilität.
Besonders empathische und hochsensible Lebewesen
nehmen die Energie anderer Lebewesen sofort wahr und
schätzen ihr Gegenüber richtig ein. Man kann sie nicht
täuschen. Tut jemand lieb und gut, ist aber in
Wirklichkeit böse, fällt das Hochsensiblen sofort auf. Sie
lesen im Gegenüber wie in einem offenen Buch und
übernehmen augenblicklich die Gefühle des anderen, ob
sie wollen oder nicht. Sie müssen. Sie saugen sie richtig
auf und fühlen sich dann entweder gut- oder eben
schlecht. Genau deshalb reagieren sie manchmal
„seltsam" oder irritiert. Weil sie sich nicht wohlfühlen in
der Gegenwart von Menschen, die Theater spielen und
vorgeben, jemand anderer zu sein. Oder, noch

schlimmer, die in Wahrheit gar niemand sind, nur leere plappernde Gefäße. Ein Mensch, der A denkt, B sagt, C macht und D verlangt, der verwirrt und verstört HSH und HSM. Weil die doch eigentlich genau spüren, dass A gemeint ist. Und dann in einen innerlichen Konflikt geraten, weil sie sich in der Situation nicht mehr auskennen. Hochsensible Hunde reagieren dabei genauso verwirrt wie hochsensible Menschen.

Was ist eigentlich jetzt los? Habe ich mich doch geirrt? Was will der Mensch nun wirklich von mir? Was soll ich tun?

Solche Szenarien sind sehr anstrengend für die Betroffenen. Ich kenne das aus eigener menschlicher Erfahrung. Mit einem Menschen zusammen zu sein der eine total widersetzliche Persönlichkeit hat ist immens anstrengend für HSM. Es erfordert Kraft, macht keinen Spaß, man muss sich selbst mental verbiegen und mit der Zeit zermürbt es. Dann gibt man auf. Und meidet bestenfalls die Person. Ist das nicht möglich, wird man sehr frustriert und letztendlich krank. Zu diesen Krafträubern zählen alle Personen, die vorgeben, jemand zu sein, der sie nicht sind. Dazu gehört ein oberflächliches Gespräch genauso wie eine vorgetäuschte Freundschaft. Gleiches gilt für unsere

Hunde. Nehmen wir an, der Hund soll bei „Hier!"
herbeikommen. Meist wird das zackig gefordert. Kommt
der Hund nur langsam oder nicht schnell genug in die
Gänge, beginnt mancher Mensch innerlich zu kochen,
strahlt aber nach außen immer noch freundlich und nett.
Komm her, lockt er letztendlich. Der Hund spürt aber,
dass der Mensch bereits wütend ist und kommt erst
recht nicht. Weil er Angst hat. Weil er keinen Grund
sieht, zu kommen um seine Prügel abzukassieren. Weil
er die Wahrheit kennt und sich unwohl fühlt. Weil er alles
richtig gemacht hat. Er ist nämlich ein Hund, ein
fühlendes denkendes selbstständiges Lebewesen, kein
Befehlsempfänger, keine Maschine. Ein hochbegabter,
hochsensibler Hund, der von seinem unsensiblen
Mensch nicht loskommt, der ständig missverstanden
wird. Einer, der ständig in der Angst lebt, etwas falsch
gemacht zu haben. Weil sein Mensch unentwegt
negative oder unstimmige Signale aussendet, obwohl er
ein freundliches Lächeln im Gesicht trägt. Der HSH fühlt
sich hilflos, wehrlos, schwach und möchte am liebsten
die Nähe dieser „falschen" Person meiden. Kann er aber
nicht. Darum wird er krank. Ist dauernd erschöpft.
Panikattacken und Angst werden größer, beginnen zu
wachsen. Psychosomatische Krankheiten entstehen aus

diesem Gefühl der Hilflosigkeit und des Ausgeliefertseins an eine Person, von der man total abhängig ist und die einem immer nur negativ gegenübersteht oder falsche Signale sendet. So einfach ist das. Nicht der Hund ist schuld, wenn es mal nicht so klappt mit der Wahrheit, dem Leben und dem Gehorsam- es ist allein der Mensch, der alles versemmelt.

Hochsensible Hunde und der Mond

Die Gezeiten sind als Ebbe und Flut schon seit alters her bekannt. Bekannt ist auch, dass die Kraft dazu vom Mond, unserem Erdbegleiter, ausgeht, wobei sich die Gravitationskraft der Mondmasse auf die Erde auswirkt. Es ist also kein Hokuspokus, wenn ich Ihnen nun berichte, dass besonders hochsensible Hunde verstärkt auf den Einfluss der Mondphasen reagieren. Wie sich das bemerkbar macht? Bei Hunden, die kurz vor und nach Vollmond geimpft werden, treten Impfreaktionen vermehrt auf. Operationen bluten stärker und Wunden heilen schlechter. Die Hunde werden unruhig und schlafen bei Vollmondphasen schlechter, genau wie wir Menschen. Davon, dass auch Vierbeiner vom richtigen Zeitpunkt der Mondphase profitieren, sind die Mond-

Experten Johanna Paungger-Poppe und Thomas Poppe überzeugt. Laut Mondkalender sollten bei Hunden alle Operationen, (ausgenommen lebenswichtige) im abnehmenden Mond und nicht in dem Tierkreiszeichen, das die operierte Zone regiert, erfolgen. Eine Kastration der Hündin und des Rüden sollte man also niemals an Skorpiontagen planen, eine gelungene Hüftoperation oder Gesäugeoperation nicht an Waagetagen. Ideal für die Zahnpflege sind Steinbocktage im abnehmenden Mond. Steht der Mondkalender im Tierkreiszeichen Löwe, werden Herz und Kreislauf stärker belastet und man sollte Vollnarkosen besser vermeiden. An Fischetagen wirken Medikamente oft doppelt so stark. Ideale Fellpflegetage sind Löwe- und Jungfrautage. An Neumond fällt ein Einzug ins neue Heim auch für Hundekinder viel leichter, da in dieser Phase das Loslassen von alten Gewohnheiten einfacher ist. Sensible Hunde wirken an Fische- und Krebstagen schwermütiger als sonst und verkraften Übersiedlungen und Urlaube noch schlechter. Wenn Sie sich jetzt fragen, ob Wölfe, die wunderbaren Ahnen der Hunde, den Mond anheulen, muss ich Sie enttäuschen. Sie heulen gar nicht den Mond an. Micha Dudek, Tierökologe und Wolfsexperte in Hamburg hat die Antwort parat:

„Mitteleuropäische Wölfe heulen im Spätwinter besonders häufig, um soziale Kontakte zu knüpfen und zu pflegen. Mondhelle Nächte und kahle Bäume ermöglichen dem Menschen im Winter dabei eine bessere Sicht auf die Tiere und die kalte Luft trägt zudem den Gesang der Wölfe weiter." Die Wölfe heulen also nicht den Mond an, so festgefahren diese Vorstellung auch ist. Sie heulen, um ihre Partner zu finden, was fast noch schöner und romantischer ist.

Hochsensible Hunde und Allergien

Es ist sehr wahrscheinlich, dass Hochsensibilität, Chemikaliensensibilität und Histaminintoleranz (Typ HNMT) in engem Zusammenhang stehen. Wenig verwunderlich also, dass HSH sehr oft an unerklärlichen Allergien leiden, deren allergene Verursacher nie gefunden werden können und die Tiere zuletzt mit lebenslänglicher Cortisongabe komplett zerstört werden. Wohlgemerkt, bereits eine einzige Cortisontablette kann bei Hund und Katze schon Diabetes auslösen. Die Anzahl der an Diabetes erkrankten Tier stieg in den letzten Jahrzehnten rasant an, die Behandlung ist meist mühsam und teuer. Warum ist das so? Es liegt an einem

sehr sorglosen Umgang mit dem Allheilmittel Cortison.
Vor allem Hunde mit Juckreiz oder immer wiederkehrenden, unerklärlichen Schmerzen werden viel zu oft
mit dem billigen Medikament gegen fast alles abgefüllt.
Lebenslänglichen Diabetes oder Morbus Cushing nimmt
die Kollegenschaft offensichtlich gerne in Kauf, denn
Cortison ist billig, wirkt sehr schnell, der Juckreiz lässt
sofort nach und der Hundebesitzer ist kurzfristig froh.
Langfristig kommen die Symptome aber nach Absetzen
des Cortisons sofort wieder und die Nebenwirkungen
treten meist schon während der Behandlung auf. Sehr
oft weiß der Besitzer gar nicht, was in der Wunderspritze
oder den Tabletten, die er für seinen Hund
mitbekommen hat, eigentlich drin war. Hat der Hund
beispielsweise plötzlich starke Schmerzen und kann
nicht mehr aufstehen, sucht man den Tierarzt auf. Dieser
untersucht den Hund, macht vielleicht ein Röntgenbild
und dann kommt meistens das: „Ihr Hund bekommt jetzt
eine Spritze (oder mehrere) gegen die Schmerzen."
Oder auch das: „Geben Sie diese Tabletten gegen die
Schmerzen täglich ein." Eine Spritze gegen die
Schmerzen? Oder ein paar Tabletten? Und welcher
Wirkstoff ist da eigentlich drin? Bestenfalls befindet sich
ein entzündungshemmendes, schmerzstillendes Mittel in

der Spritze, welches meist zur Gruppe der
Nicht Steroidalen Antiphlogistika gehört wie Metacam,
Rheumocam, Rimadyl oder ähnliches. Schlimmstenfalls
ist es das beliebte Cortison. Gerade sehr modern ist
auch die orale Gabe von Pregabalin, einem Medikament
aus der Humanmedizin. Diese Tabletten verabreicht
man jetzt in vielen Tierkliniken und Veterinär-
medizinischen Universitäten den Hunden. Meistens
bleiben die Schmerzen bestehen. Der Hund ist
hochgradig benommen, extrem müde und kaum
ansprechbar. Pregabalin gehört zur Gruppe der
Antikonvulsiva, es wurde 2004 zur Behandlung von
neuropathischen Schmerzen, epileptischen Anfällen
sowie Angststörungen bei Menschen zugelassen.
Schwangeren und Kindern wird davon abgeraten, da es
keine Studien gibt. Tierversuche zeigten, dass der Fötus
geschädigt wird. Und nun als Standardtherapie beim
Hund? Häufige Nebenwirkungen beim Menschen wie
„Schwindel, Müdigkeit, Benommenheit, nachlassende
Aufmerksamkeit, Trunkenheitsgefühl, verschwommenes
Sehen, Doppeltsehen, Gleichgewichtsstörungen,
Ödemen und Erbrechen, Gewichtszunahme" gefolgt von
„gelegentlichen Nebenwirkungen wie Muskelzucken,
Muskelkrämpfe, Herzrhythmusstörungen, Kraftlosigkeit

und Stürzen" sind der Preis für Pregabalin. „Selten treten Schluckbeschwerden, hoher Blutzucker, Muskel-schäden, Nierenversagen, Brustschmerzen und Veränderungen der Sicht auf. Weitere Nebenwirkungen, mit unbestimmter Häufigkeit sind Herzmuskelschwäche (Herzinsuffizienz), Flüssigkeit in der Lunge, Verlust des Bewusstseins, Krampfanfälle sowie Überempfindlich-keits- und allergische Reaktionen." Nebenwirkungen, die mit Sicherheit auch beim Hund keine kleine Pause einlegen. Cortison wiederum ist die billige Droge gegen alles, was juckt und gegen den Rest gleich mit.

Der Hund hat starken Durchfall? Dagegen hilft Cortison.

Der Hund hat chronische Schmerzen? Cortison!

Der Hund leidet an einem unheilbaren, inoperablen Tumor in Leber und Milz? Cortison. Entzündungen von Leber, Bauchspeicheldrüse, Nieren, Herz und Gelenken zählen zu den Einsatzgebieten genau wie Virus-infektionen, Ekzeme, Allergien und als Vorlauf einer Chemotherapie. Cortison steckt in Tabletten und Spritzen. Allen gemeinsam ist eine Senkung der Abwehrkräfte des tierischen Körpers. Besonders gefährlich ist eine Cortisonspritze, wenn der Hund beispielsweise an Leishmaniose leidet, da dadurch sofort der nächste Krankheitsschub ausgelöst wird.

Cortison macht Impfungen völlig unwirksam (auch wenn es Tage vorher gegeben wurde!), ist immunsuppressiv, man kann es nur ausschleichend absetzen und im schlimmsten Fall entsteht Morbus Cushing (eine Unterfunktion oder sogar ein völliges Versagen der Nebennierenrinden). Ist der Hund auch noch Diabetiker, kann der Blutzuckerspiegel durch eine Cortisoninjektion völlig durcheinander geraten. Nochmals sei erwähnt, dass bei Tieren schon eine einmalige Cortsiongabe, egal ob oral oder als Injektion, Diabetes auslösen kann. Bekannte Nebenwirkungen sind Wassereinlagerungen, ein gestörter Calcium-Phosphor-Haushalt sowie Knochenerweichungen (erhöhte Bruchgefahr), dünne, pergamentpapierartige Haut, stumpfes Haarkleid, ein pathologisch gesteigertes Durstgefühl und eine damit verbundene vermehrte Harnausscheidung. Der Appetit wird angeregt, die Tiere fressen plötzlich wieder sehr gut, was die Besitzer denken lässt, ihren Tieren gehe es wieder besser. Der Blutdruck steigt. Die Blutfette steigen. Unruhe oder völlige Apathie, starkes Hecheln, Durchfall und Übelkeit sind mit im Programm. Spielen bei einer Ohrenentzündung Hefepilze mit, bekommen diese durch Cortison völlig freie Bahn und überwuchern die Entzündung- ohne gleichzeitige Antibiotikagabe-

völlig. Man sollte Cortison daher eigentlich nur zu einem Zweck verwenden, nämlich im Fall eines Insektenstichs in der Maulhöhle, um das Zuschwellen der Atemwege zu verhindern. Das reicht doch eigentlich aus, um immer nachzufragen: „Was genau ist in der Spritze, die mein Hund bekommt? Was genau sind das für Tabletten, die ich eingeben soll?" Eine Spritze gegen Schmerzen ist heutzutage nicht mehr ungefährlich, Tabletten gegen Schmerzen auch nicht. Vor allem dann nicht, wenn es sich um hochsensible Hunde handelt, die schon auf eine ganz geringe Dosis eines Medikaments bereits sehr gut ansprechen würden und meist auf sehr viele Medikamente überempfindlich reagieren. Es stehen wirklich ausreichend Medikamente, die speziell für Hunde entwickelt wurden, zur Verfügung. Starke Schmerzen brauchen oft eine hohe Dosis und eine mehrtägige Gabe von Schmerzmedikamenten, bis eine Besserung eintritt. Es ist daher nicht nötig, den Hund als Versuchskaninchen zu missbrauchen, nur weil es gerade modern ist und es irgendwer empfohlen hat. Aber machen Sie das mal jemand klar. Und wie zum Teufel kommt der Hundebesitzer dazu, sich mit dieser Materie auseinandersetzen zu müssen? Wie kann man von einem Vertrauensverhältnis zwischen Tierarzt und

Tierbesitzer sprechen, wenn man ständig alles hinterfragen und anzweifeln muss, weil sonst der kranke Hund vielleicht sogar noch kränker, statt gesünder wird und man obendrein viel Geld dafür bezahlt? Kein Wunder also, dass Heilpraktiker und Wunderwuzzis so boomen, die alle auf Kosten der Tiere Gewinn herausschlagen. Denn ist man vom Tierarzt enttäuscht, sucht man anderswo Beistand. Dass dies nicht zum Vorteil der Tiere geschieht, ist hinlänglich bekannt. Leider spielt es keine große Rolle. Tierliebe steht selten im Vordergrund, es dreht sich nur ums liebe Geld, da wie dort. Immer. Fragen Sie deshalb nach, es ist die Mühe wert. Der Gesundheit Ihres Hundes zuliebe. Verwunderlicherweise wollen gerade Hundebesitzer oft nichts mit diesem Wissen zu tun haben. Sie wollen keine Eigenverantwortung übernehmen oder gar einen Halbgott in Weiß anzweifeln. Das ist aber leider heute unabdingbar geworden. Selbst wenn es unangenehm oder manchmal vielleicht unangebracht oder peinlich erscheint: tun Sie es trotzdem. Ihrem Hund zuliebe. Sie sind seine Stimme. Er kann nicht selbst fragen.

Hochsensible Hunde und Epilepsie

Gibt es tatsächlich einen Zusammenhang zwischen Epilepsie und Hochsensibilität? Epilepsie kann bei Hunden angeboren (vererbt) oder durch ein Trauma (Schläge auf den Kopf, Unfall mit Hirnverletzung und dadurch entstandene Vernarbungen) entstanden sein. Beiden gemeinsam ist eine Aura, die dem Anfall vorausgeht. Dann fällt der Hund plötzlich krampfend um. Die meisten Hunde sprechen (im Gegensatz zu Katzen) sehr gut auf Tabletten an und die Anfälle lassen sich fast völlig reduzieren. Aber leider nicht immer. Besonders Stress löst bei Epileptikern Anfälle aus. Dabei kann der Anfall auch zeitverzögert durch ein sehr belastendes Erlebnis (Tierarztbesuch, Urlaub, Feuerwerk, Tierheimaufenthalt, Besitzerwechsel, Umzug etc.) auftreten und wird daher meist gar nicht mehr mit dem Ereignis in Verbindung gebracht. Die wenigsten Hundebesitzer sind aufmerksam genug, um stressige Ereignisse im Leben ihrer Hunde überhaupt als solche einzuordnen. Daueranspannung kann aber epileptische Anfälle auslösen. Ein starkes Trauma kann beim Hund eine epileptische Krise auslösen. Der Tierarzt fragt den Hundebesitzer aber nicht: „Wann hat der Anfall stattgefunden?", sondern die Frage lautet immer: „Wie oft und wie stark war der Anfall?". Dabei besteht gerade bei hochsensiblen Hunden, die ja mit Außenreizen viel schlechter zurechtkommen und ihre Umgebung gleichzeitig intensiver wahrnehmen als unsensible Hunde, durchaus ein Zusammenhang mit einem Anfall. Der vermeidbar sein könnte, wäre der Besitzer bereit, alle den Hund stark belastenden Situationen zu erkennen und zu verhindern. Natürlich ist das nicht immer möglich. Aber muss ich einen Epileptiker wirklich ins Einkaufszentrum oder in eine Hundewandergruppe mitnehmen? Oder lasse ich ihn lieber zuhause, in einer gesicherten Umgebung, wo er im Falle eines Anfalls gepolsterte Böden vorfindet, nicht von Bänken herunterfallen kann und sich in vertrauter Umgebung ausruhen kann? Natürlich macht das Arbeit und ist belastend, für den Besitzer wie auch für den Hund. Die Tabletteneingabe muss auf die Minute genau eingehalten werden, darf nie vergessen werden und man sollte Valiumzäpfchen zu Hause bereithalten, um bei einem Grand Mal sofort ersthelfend eingreifen zu können. Andere Personen müssen im Umgang mit dem krampfenden Hund aufgeklärt werden, damit diese ihm nicht die Knochen brechen, falls sie ihn zuckend am

Boden liegend vorfinden und hochheben möchten. Epilepsie ist eine traurige Krankheit und sehr viele Hunde sterben daran, wenn ein Grand Mal trotz rechtzeitig eingeleitetem Therapieversuchs nicht mehr zu stoppen ist. Wenn Sie also einen Epileptiker zuhause haben, machen Sie ihm die Zeit so schön wie möglich, vermeiden Sie jeglichen Stress, jede Herausforderung, jede gefährliche Hundebegegnung, bei der es zu Kämpfen kommen könnte. Genießen Sie die Zeit mit Ihrem Liebling und nehmen Sie die Krankheit immer ernst. Haben Sie einen Hund aus dem Tierschutz, ist die Gefahr, dass er körperliche und seelische Gewalterfahrungen erleiden musste, leider sehr groß. Hunde haben ein großartiges Gedächtnis und erinnern sich sehr wohl an all die schlechten Erfahrungen, die sie in ihrem Leben erleiden mussten. Ganz im Gegensatz zur landläufigen Meinung erinnern sich Hunde ganz besonders in Situationen, wo sich das traumatische Ereignis möglicherweise wiederholen könnte, an das vorhergegangene Trauma. Das wiederum stresst den Hund und ein Anfall kann ausgelöst werden. Bei hochsensiblen Hunden ist das nahezu vorprogrammiert. Auch wenn es dazu keine Studien gibt. Machen Sie Notizen, wann und wo ein Anfall stattgefunden hat und was ein paar Tage vorher geschah. Hat dieses Erlebnis Ähnlichkeit mit einer üblen Erfahrung, die Ihr Hund machen musste? Eine Beißerei, ein Tierheimaufenthalt, eine Autofahrt, bei der er verletzt wurde, ein Urlaub, wo er entlaufen ist, ein Feuerwerk, das neben ihm hochging? Es gibt tausend Möglichkeiten für den Zusammenhang zwischen körperlichen und seelischen Gewalterfahrungen im Leben eines Hundes. Ist die Situation so stressig für das Tier, dass das alte Trauma möglicherweise wieder in Erinnerung gerufen wird, kann sich der Stress durch einen Krampfanfall entladen. Epileptiker brauchen mehr Schonung, mehr Zuwendung, mehr Aufsicht und sind weniger belastbar und weniger fähig, Stress abzubauen als gesunde Tiere. Der Körper eines hochsensiblen Hundes, der mit dem Stress nicht mehr fertig wird und keinen anderen Ausweg sieht, kann sich unweigerlich verkrampfen, um dem Druck ein Ventil für den Stressabbau zu bieten. Auch wenn es nicht wissenschaftlich belegt ist, ist es doch eine sehr naheliegende Erklärung für eine Krankheit, die man dadurch vielleicht etwas besser in den Griff bekommen kann.

„Wer auch immer gesagt hat, Glück könne man nicht kaufen, hat die kleinen Welpen vergessen."
-Gene Hill-

Krankheit als Reaktion?

HSH mit einem schlechten Start ins Hundeleben oder einer traumatischen Jugend sind anfälliger für psychische Störungen als „normal" sensible Hunde. Was bedeutet dies für den weiteren Verlauf eines Hundelebens? Ein schlechter Start muss für einen HSH nicht unbedingt gleich eine Vorgeschichte im Tierheim oder ein Leben als Wanderpokal heißen. Da solche Hunde auch unterschwellige Reize verstärkt wahrnehmen, reichen schon viel subtilere Dinge, um den jungen Hund zu verstören, zu stressen und letztendlich krank zu machen. Es genügt oft schon ein Zuhause, in dem er eigentlich nicht erwünscht ist. Nehmen wir an, der Herr des Hauses möchte unbedingt einen Hund, die Dame hätte aber lieber eine Katze. Um des lieben Friedens willen stimmt sie zu, dass der Hund einzieht. Der Hund spürt, dass er eigentlich unerwünscht ist, hat dadurch einen chronisch erhöhten Stresspegel und wird sich nicht wirklich geliebt, angenommen oder zuhause fühlen. Vielleicht versucht er extra Aufmerksamkeit bei der Frau zu erregen, zeigt sich von seiner besten Seite, tut einfach alles, um ihr zu gefallen. Jedoch kann man als Schwan unter Enten noch so liebreizend sein: man wird dennoch nie eine Ente werden! Die Frau wird den Hund ablehnen, vielleicht gibt es öfter Streit wegen ihm („Entweder der Hund oder ich!") und so entwickelt sich langsam aber sicher ein Belastungssyndrom beim Hund. Und auch bei seinem Besitzer, der durch die bloße Anwesenheit des Tieres ständig daran erinnert wird, dass wieder Streit des Vierbeiners wegen in der Luft liegen wird. Dies gilt auch für Scheidungshunde.

Ein chronisch erhöhter Belastungs- und Stresspegel beim unerwünschten Hund entsteht.

Wir alle wissen, was es bedeutet, an einem Platz nicht willkommen zu sein. Nicht angenommen zu werden ist kein schönes Gefühl, vor allem dann nicht, wenn man wirklich sein Bestes gibt, um geliebt zu werden. Irgendwann gibt man auf und sucht die Schuld bei sich- oder man sucht das Weite. Viele Hunde entlaufen von Zuhause, weil sie nur eine mangelhafte oder gar keine Bindung aufbauen konnten. Nicht akzeptiert wurden als das, was sie sind – nämlich Hunde, nicht Katzen. "Nicht richtig" oder fehl am Platz zu sein, macht psychisch krank. Chronischer psychischer Stress wiederum erhöht den Cortisolspiegel, senkt das Immunsystem und der Weg für physische Krankheiten ist geebnet. Hunde erkranken an psychischen Störungen genau wie wir Menschen. Panikattacken, Depression, Aggression, Burn-Out, Demenz, Bore-Out und vieles mehr sind schon längst eingezogen in die Welt der Hunde. Verursacher sind immer Menschen, leidtragend hingegen sind stets die Hunde. Besonders die hochsensiblen Minderheiten unter ihnen zahlen einen hohen Preis für Anerkennung und Liebe. Manche kapitulieren. Andere werden aggressiv. Und einige laufen eben von zu Hause weg und suchen sich einen Menschen, der sie versteht und schätzt. Jede Art von vergeblichem Anpassungsversuch von Seiten der Hunde führt zu chronischem Stress und somit zum Entstehen von Krankheiten. Daher brauchen gerade hochsensible Hunde, genau wie auch hochsensible Menschen, eine ganz besonders aufmerksame und liebevolle Zuwendung und fürsorgliche Unterstützung von ihren menschlichen Partnern, um sich in einer fremden Welt hinreichend beschützt und geliebt zu fühlen. Eigentlich logisch- ist ein HSH ohnehin schon durch die Umwelt und seine besondere Art der Wahrnehmung viel schneller und nachhaltiger beeinträchtigt als ein unsensibles Lebewesen, trifft es so ein schmetterlingshäutiges Lebewesen hundertfach mehr als ein elefantenhäutiges, wenn es zusätzlich durch falsche Erziehungsmaßnahmen, falsches Futter oder generell unpassende Haltungsbedingungen leiden muss.

Um ganz simple Beispiele anzuführen: Hunde erschrecken sehr leicht. Man nutzt dies aus, um sie aus dem Hinterhalt mit Wasser zu bespritzen (Dies ist die Trainingsmethode eines erfolgreichen deutschen Mannes, der allseits als lustiger netter Onkel im Flüsterreich eingeordnet wird, dessen Methoden sich jedoch nicht wirklich gravierend von der mexikanisch-amerikanischen Tortur unterscheiden. Angst ist Angst, egal ob durch Zischlaute oder durch Werfen von Münzen in einer Plastikflasche, eines Schlüsselbundes oder einer Spritzpistole.) Auch Futterentzug gehört dazu. Alles zusammen ist einfach unfair und unnötig. Wer ein Tier feige erschrecken muss, um es zu einer bestimmten Handlung zu zwingen, gehört weg aus der Hundeerziehung. All diese Methoden, mögen sie für ungeschulte Augen oft noch so harmlos aussehen (Frage am Rand: finden Sie es harmlos, wenn man Sie dauernd zuhause aus dem Hinterhalt erschreckt würde?) verursachen wiederum Stress und führen in weiterer Folge zu schweren psychischen Störungen.

Genau wie bei Menschen, gibt es auch bei Hunden

Essstörungen. Dauerstress oder unterschwelliger Stress kann das Hungergefühl unterdrücken oder übergroßen Hunger bewirken. Dazu kommen wir später ausführlich im Kapitel „Reizmagen". Bei Menschen endet dies oft in Mager- oder Fettsucht. Hunde magern genauso ab wie Menschen und sie verfetten auch genauso.

Liebesentzug, brutale Erziehung und gewaltsame Einwirkungen aller Art machen diese Tiere sehr leicht traumatisierbar und viel anfälliger für gewisse Krankheiten als unsensible. Oft werden von HSH Veränderungen in der Umgebung wahrgenommen, von denen der Mensch gar nichts mitbekommt und daher meist verzweifelt nach einem Auslöser für einen Krankheitsprozess sucht. Das beste Beispiel ist die allgegenwärtige Allergie, unmittelbar gefolgt von Magen- und Darmproblemen beim Hund. Dazu darf ich Ihnen jetzt eine wahre Geschichte erzählen, die mich sehr berührt hat. Eine junge Frau aus dem Suchtgiftmilieu, eine ehemalige Obdachlose, hatte nach langer Zeit auf der Straße eine Bleibe im Sozialbau gefunden, anderthalb Zimmer im dritten Stock. Ich kannte sie bereits vom Sehen und erfuhr die ganze Geschichte von einem befreundeten Kollegen, dessen Praxis sie aufsuchte. Sie war langzeitarbeitslos und es fanden sich oft wechselnde Männerbekanntschaften bei ihr ein, die auch Drogen für Sex da ließen. Eines Tages kaufte sie bei irgendeinem dubiosen Züchter einen reinrassigen Schäferhundwelpen. Die Hündin war von Anfang an sehr scheu und ängstlich und hatte Panik auf der Straße. Ich sah die Frau gelegentlich in der ersten Zeit ihren Junghund hochheben und nach Hause tragen. Es sah so aus, als würde sie sich sehr um ihren Hund sorgen. Eines Tages zog ein äußerst brutaler neuer Freund bei ihr ein, der sich als hundekundig ausgab und ihr erklärte, sie müsse den Hund statt zu tragen zurechtweisen, indem sie den Hund zu Boden wirft und damit den „Alphawurf" praktiziert. Ich sah daraufhin den Mann, ebenfalls drogensüchtig und arbeitslos, abwechselnd mit der Frau auf der Straße auf dem Hund knien, der bei jedem zweiten Schritt augenblicklich zu Boden geworfen wurde, also bei jedem Beller, jedem ängstlichen Sträuben, jedem falschen Tritt, jedem Blick nach anderswo als geradeaus und beide würgte ihn dann fast bis zur Bewusstlosigkeit an der Kehle. Ich gab mein Bestes, klärte auf, bot gratis meine Hilfe an, vergeblich. Die beiden waren unzugänglich und mehr als frech. Ich schaltete den Amtstierarzt ein- der nicht Schlimmes finden konnte. Irgendwann verschwand der Hund

tageweise von der Bildfläche und ich hörte, die beiden
vermieden es, mit dem Tier aus der Wohnung zu gehen.
Ein paar Wochen später wurde der Hund sehr schwer
krank. Die Hündin fraß schlecht bis gar nicht mehr,
magerte bis auf Haut und Knochen ab und wurde
letztlich in einer Tierklinik eingestellt. Die Frau konnte
sich das natürlich nicht leisten, die „Tierecke" übernahm
die Kosten von 1800 Euro, es wurde aber nichts
gefunden und der Hund nach ein paar Tagen wieder
entlassen. Bis er zusammenbrach. Er bekam daraufhin
zuhause wochenlang Cortison- und Antibiotikatabletten.
Die Frau fütterte ihn nur noch mit Gemüsebrühe (in der
auch giftige Zwiebel und Knoblauch waren!), weil
er nichts mehr im Körper behielt. Ich schaltete erneut die
Kollegenschaft ein, man fand wieder nichts zu
beanstanden. Einige Wochen später starb der Hund als
trauriges Skelett, nicht einmal zwei Jahre alt. Zwei Jahre
Martyrium. Alle schauten weg. Das ist kein Einzelfall.
Aber ein gutes Beispiel, wie man einen Hund zugrunde
richten kann, der hochsensibel und kerngesund in
falsche menschliche „Obhut" gerät. Und zwar in die
Obhut von Besitzer und Tierarzt, die nichts finden
können. Die nichts finden konnten? Die Wohnung ein
versifftes Rattenloch, der Hund klinisch gesund aber

völlig verstört und magersüchtig? Die Frau psychisch nicht zurechnungsfähig und brutal und niemand stößt sich daran und nimmt ihr den Hund weg? So geht es zu auf dieser Welt, gleich um die Ecke, nicht im Nirgendwo auf rumänischen Straßen, nicht im tiefsten Bulgarien oder Serbien, wo Tiermisshandlungen an der Tagesordnung sind. Mitten in Wien. Vor aller Augen. In einer Stadt, die sich so tierlieb rühmt. Mit Schuld daran trägt auch der Gesetzgeber, der länderweit nicht in der Lage ist, sinnvolle, scharfe Strafen per Gesetzbuch zu erlassen. Etwa sehr hohe Geldbußen und Freiheitsentzug, sonst tut es nicht weh und man macht einfach weiter. Erst neulich wurde mitten in Wiens teuerstem Bezirk ein Golden Retriever aus dem vierten Stock geworfen. Der Mann natürlich psychisch krank. Es sind dann ja immer alle psychisch gestört. Auch wenn sie ihre Kinder unter der Dusche verbrühen als Strafmaßnahme. Oder Babys hirntot schütteln, wenn sie zu lange oder zu laut schreien. Die Strafe: keine. Er war ja krank! Er braucht Hilfe! Die Zukunft: er holt sich ein neues Tier und wirft es wieder aus dem Fenster. Das ist die Realität. Und das sind keine Einzelfälle. Das ist der Grund, warum es unseren Hunden so schlecht geht inmitten dem ganzen unnötigen Mimimi beim Anblick süßer Welpenbildchen auf Facebook, der herzigen Hundemäntelchen und unnötigen Naschereien. Unsere Hunde leben in einer Welt der Futtermittelindustrie, die Hunde in Wirklichkeit krank macht, der Hundehalter, die hilflos einer gerade angesagten Methode folgen und der Tierärzte, die Umsatz im Auge haben und nicht Tierwohl oder pure Liebe zum Patienten. Es ist die Welt der Reichen und der Mächtigen. Menschen wundern sich, dass ihre Hunde chronisch krank sind. Krank sein gehört schon bei den Menschen fast zum guten Ton. Das führt uns wieder zurück zur Allergie. Wie oft hört der Tierarzt Hundebesitzer klagen „Ich bin total verzweifelt! Unser Hund hat sehr starken Juckreiz mit offenen, blutenden Stellen, das Jucken kommt schubweise und ohne erkennbaren Anlass. Wir haben bereits alle Cremes und alle Futtersorten ausprobiert. Alle Fleischsorten weggelassen, Getreide weggelassen, Milchprodukte weggelassen. Das Einzige, was hilft, ist Cortison. Hören wir mit Cortison auf, kommt der nächste Schub. Der Hund wurde auf Allergien getestet, der Befund war negativ. Auch klinisch konnte keine körperliche Ursache gefunden werden." Und dann folgt immer der Nachsatz, den keiner beachtet oder ihm nur die geringste

Bedeutung beimisst: „Der Hund ist sehr sensibel und liebesbedürftig."

Und da ist sie auch schon, die Antwort auf die Frage nach dem Warum!

Der Hund ist hochsensibel und reagiert auf Dinge, die seine Menschen überhaupt nicht wahrnehmen. Ob es ein neues Deospray, ein frisch verlegter, giftiger Bodenbelag, ein anderes Fertigfutter, ein Zeckenschutz, ein Lufterfrischer, eine Duftkerze, ein Autositzbezug oder ein Kauknochen „Made in China" ist, alles ist hochgradig potentiell allergen. Die Allergie ist die Antwort des Hundekörpers auf all diese Dinge. Stellt man die Ursache ab, ist der Hund geheilt. So einfach ist das. Und doch, wie es scheint, so gut wie unmöglich.

Dasselbe Szenario taucht auf bei unerklärlichen, immer wiederkehrenden Durchfällen, wobei auch hier der Hund organisch immer ganz gesund ist. Keine Parasiten, keine Krankheiten, top Blutwerte. Und dennoch: Durchfall und/oder Erbrechen in immer wiederkehrenden Schüben, manchmal in langen Intervallen, manchmal kaum zu unterbrechen. Diese Hunde gehen durch die Hölle; sie wandern von Tierarzt zu Heiler, von Mediator zu Kommunikator, von Diagnostiker zu Spezialist, vom Homöopathen zum Internisten und wieder retour. Sie machen alles durch; die komplette Diagnostik, sämtliche Wahnsinnsmethoden, von fahrlässigen Eiseninjektionen durch die Hände selbsternannter Tierheiler bis hin zum Handauflegen beim Schamanen. Und werden nicht gesund. Auch hier habe ich eine kleine Geschichte aus der Praxis. Der neue Hund eines Bekannten war hochsensibel und unterwürfig, Herrchen brutal und dominant. Hatte schon vier Hunde und wusste alles. Vor allem alles über Wölfe. Die Frau des Hauses war noch unterwürfiger als der Hund, der Hund hing aber nur an dem Mann und ließ sich auch nicht von der Frau oder fremden Menschen anfassen. Der arme Hund musste schon als Welpe täglich ein paar Stunden durch den Wald hetzen, wurde bei Hundebegegnungen immer sich selbst überlassen und hatte ständig Durchfall. Immer wenn er von den stundenlangen Waldausflügen oder der harten Hundeschule zurückkam, wurde der Durchfall extrem schlimm. Der Mann dachte, dies läge an den Keimen der anderen Hunde, mit denen sich der Hund angesteckt hätte und mied eine Zeit lang die Hundewiese, den Wald und die Ausbildungsstätte, wo sich der arme Tropf immer zu Tode fürchtete.

Und Schwupps, schon hörte der Durchfall auf.

Was sagt uns das?

Es bedeutet, dass hochsensible Tiere in den Händen unsensibler Menschen besonders arm dran sind und sogar zu Tode kommen können. Dass sie überreagieren, genau wie überreizte hochsensible Menschen, ohne diese Überreaktion selbst stoppen zu können. Ihr völlig überfordertes Nervensystem lässt sich im Zustand der Überreiztheit nicht mehr steuern. Sie bellen hysterisch, sie springen in die Leine, sie toben, sie zittern und erscheinen wie ausgewechselt. Sie fühlen sich selbst am allerwenigsten wohl dabei. Und können dennoch nichts daran ändern. Ändern kann der Mensch etwas. Indem er sein hochsensibles Tier aus allen belastenden Situationen sofort herausnimmt und ihm Ruhe verschafft. Ihm eine Auszeit gönnt, die Zeit gibt, die der Hund braucht, egal wofür. Das wäre hilfreich. Dazu braucht es keinerlei großartige Studie. Dazu reicht ein Blick zum Nachbarn, auf die Straße oder in die Tageszeitung. Es gibt sie nicht, die aggressiven, die bösen Hunde. Es gibt überhaupt keine bösen Tiere. Es gibt nur böse Menschen. Davon aber reichlich.

„Der Hund ist der sechste Sinn des Menschen."
-Christian Friedrich Hebbel-

TEST: IST MEIN HUND HOCHSENSIBEL?

Beantworten Sie bitte die nachfolgenden Fragen mit Ja oder Nein.

- Ist Ihr Hund besonders schmerzempfindlich?
  Ja/Nein
- Spricht Ihr Hund auf Medikamente besonders stark oder ungewöhnlich schnell an?
  Ja/Nein
- Bellt oder jault Ihr Hund oft, während er tief schläft?
  Ja/Nein
- Ist Ihr Hund sehr schreckhaft und ängstlich allen neuen Situationen gegenüber?
  Ja/Nein
- Reagiert Ihr Hund an Orten, wo Hektik und Lärm herrscht, sehr gestresst?
  Ja/Nein
- Wird Ihr Hund nervös, wenn Sie nicht den gewohnten Weg mit ihm spazieren gehen oder die gewohnte Strecke mit dem Auto zurücklegen?
  Ja/Nein

- Wurde bei Ihrem Hund eine Allergie gegen bestimmte Nahrungsmittel festgestellt?
  Ja/Nein

- Reagiert Ihr Hund mit Erbrechen oder Durchfall, sobald er etwas anderes als sein gewohntes Futter bekommt?
  Ja/Nein

- Erbricht Ihr Hund gelben Schaum, wenn er nüchtern ist und das Haus verlassen muss?
  Ja/Nein

- Hat Ihr Hund unerklärliche, immer wiederkehrende starke Durchfälle, die wie aus heiterem Himmel losgehen, wobei der Kot mit einer geleeartigen Schleimschicht bedeckt ist?
  Ja/Nein

- Reagiert Ihr Hund überempfindlich auf Impfungen oder Medikamente?
  Ja/Nein

- Findet sich Ihr Hund in einer neuen, hektischen Umgebung sehr gut zurecht, kommt aber danach nur sehr langsam wieder zur Ruhe?
  Ja/Nein

- Ist Ihr Hund besonders klug und erkennt Zusammenhänge extrem schnell, ohne dass Sie

Befehle geben, sondern nur durch intuitives Erfassen der Situation?

Ja/Nein

🐾 Ist Ihr Hund nach einem Ausflug oder einem Spaziergang stark gestresst und hat anschließend ein erhöhtes und extrem langes Ruhe- und Schlafbedürfnis?

Ja/Nein

🐾 Zieht sich Ihr Hund gerne alleine zurück und liegt dort zufrieden auf seinen Lieblingsplätzen, anstatt mit anderen Hunden herumzutollen oder mit Ihnen zu spielen?

Ja/Nein

🐾 Reagiert Ihr Hund empfindlich auf laute Musik, Verkehrsgeräusche, Gewitter, Feuerwerk oder vorbeifahrende Autos?

Ja/Nein

🐾 Ist Ihr Hund extrem wetterfühlig und reagiert bei Wetterwechsel mit Koliken und erhöhter Reizbarkeit?

Ja/Nein

- Zieht sich Ihr Hund schon zurück, bevor ein Gewitter kommt?
  Ja/Nein
- Fühlt sich Ihr Hund unwohl, wenn Besuch kommt, auch wenn dieser ihm vertraut ist?
  Ja/Nein
- Weiß Ihr Hund schon lange vorher, dass Sie bald (oder nach längerer Abwesenheit wieder) nach Hause kommen und wartet vor der Türe auf Sie?
  Ja/Nein
- Fühlt sich Ihr Hund unwohl in Gegenwart fremder Hunde?
  Ja/Nein
- Ist Ihr Hund unkonzentriert und nimmt kein Futter an, wenn er sich abgelenkt fühlt? Kann er sich dann nur sehr schwer oder gar nicht auf Sie konzentrieren?
  Ja/Nein
- Lässt er sich leicht durch Kleinigkeiten ablenken?
  Ja/Nein
- Fühlt sich Ihr Hund in engen Käfigen (Autoboxen, Zwinger) oder kleinen Räumen (Hundehütten) unwohl?
  Ja/Nein

- Reagiert Ihr Hund mit Essensverweigerung, wenn er gestresst ist und frisst er insgesamt wenig oder schlecht, wenn sich sein Tages-Rhythmus nur minimal ändert?
  Ja/Nein

- Trinkt Ihr Hund nie aus fremden Näpfen, vermeidet er unsauberes Wasser und ist schlecht drauf, wenn sein Essen nicht zur gewohnten Tageszeit auf seinem gewohnten Platz in seinem gewohnten Napf steht?
  Ja/Nein

- Sucht Ihr Hund sofort Ihre Nähe, wenn Sie sich unwohl, ängstlich oder krank fühlen?
  Ja/Nein

- Meidet er Ihre Nähe, wenn Sie gestresst, genervt oder ärgerlich sind?
  Ja/Nein

- Geht Ihr Hund lieber nach Hause als von zu Hause weg?
  Ja/Nein

- Fühlt sich Ihr Hund in einer Hundegruppe unwohl und reagiert mit Rückzug, Angriff oder Flucht, obwohl er die Hunde kennt?
  Ja/Nein

- Vermeidet Ihr Hund Kontakt mit anderen Hunden?
  Ja/Nein
- Wird er nervös und sehr gestresst, wenn mehrere Menschen gleichzeitig auf ihn einreden und er sich der Situation nicht entziehen kann?
  Ja/Nein
- Wird Ihr Hund durch das Verhalten und die Stimmung anderer Hunde oder Menschen, das Wetter oder den Vollmond stark beeinflusst?
  Ja/Nein
- Reagiert Ihr Hund empfindlich auf grelles Licht (Neonlicht), laute Geräusche und starke Gerüche (z.B. mit Niesreaktion bei Desinfektionsspray, Parfum oder Raumduft, Scheibenwaschanlage, Scheibenenteiser etc.)?
  Ja/Nein

Ein Test ist natürlich nie völlig in der Lage, ein Individuum als hochsensible Persönlichkeit einzuordnen. Er soll Ihnen aber als kleine Hilfestellung dienen um herauszufinden, wie sensibel Ihr Hund möglicherweise ist. Haben Sie mehr als die Hälfte der Fragen mit Ja beantwortet, ist Ihr Hund höchstwahrscheinlich hochsensibel. Haben Sie nur einige Fragen mit Ja beantwortet, heißt das aber nicht, dass Ihr Hund deshalb total unsensibel ist. Unsensible Tiere gibt es gar nicht. Es gibt nur unsensible Menschen. Nehmen Sie sich jetzt bitte ein paar Minuten Zeit und schreiben Sie hier auf, welche Eigenschaften für Ihren Hund typisch sind, die ihn „anders" oder hochsensibel machen. Einzigartig und durch nichts ersetzbar! Manches finden Sie vielleicht mühsam oder belastend. Schreiben Sie alles auf. Schreiben Sie auch auf, wie Sie sich dabei fühlen und was genau Sie tun. Oder was Sie leider nicht tun, um dem Hund in belastenden Situationen beizustehen. Sind Sie wirklich vertrauenswürdig? Und zwar rund um die Uhr? Geben Sie tatsächlich immer Ihr Bestes? Würden Sie sich selbst trauen? Danach machen Sie sich bitte klar, wie dankbar Sie sich schätzen können, so ein großartiges Tier Ihren Freund nennen zu dürfen. Einen Kameraden, der immer für Sie da ist, in guten und in schlechten Zeiten. Der Sie niemals enttäuscht, denn er ist kein Mensch, sondern Ihr wunderbarer Hund. Ist er auch noch hochsensibel, sollten Sie sich wahrhaft glücklich schätzen, dass er Ihnen trotz seiner besonderen Gabe seine Freundschaft schenkt.

HOCHSENSIBEL HUND SEIN IM ALLTAG

Sie haben jetzt den Test ausgewertet und festgestellt, dass Ihr Hund zu den hochsensiblen Tieren gehört. Wie geht es nun weiter? Sicher werden Sie sich fragen, wie Sie Ihrem Hund das Leben im Alltag erleichtern können. Wenn Sie selbst hochsensibel sind, wird Ihnen das von Natur aus nicht besonders schwer fallen, da Sie spüren können, was Ihrem Tier gut tut und was nicht. Für alle anderen etwas weniger sensitiven Leser möchte ich ein paar Vergleiche anführen und einige Anregungen geben, um HSH zu unterstützen. Dank meiner langjährigen tierärztlichen Praxiserfahrung im Umgang mit hochsensiblen Tieren und intensiver Auseinander-setzung mit dem spannenden Thema der Hochsensibilität kann ich Ihnen versichern: man kann die Welt der Hochsensiblen direkt von Menschen auf Hunde übertragen. Dazu braucht es gar keine wissenschaftlichen Studien. Studien werden ohnehin überbewertet, weil immer nur eine ausgewählte kleine Gruppe beurteilt wird, welche meist von einem interessierten Auftraggeber gesponsert und finanziert wird. Was am Beispiel der Studien zur Häufigkeit des Auftretens von Mammatumoren an kastrierten

Hündinnen sehr schön zu sehen ist. Denn diese Studien sind nicht aussagekräftig. Mammatumore treten bei unkastrierten Hündinnen genauso häufig auf wie bei den propagierten kastrierten oder frühkastrierten Hunden. Ausgewertet wurden diese Studien in den frühen Siebzigerjahren und zwar von Tierärzten. Welche wiederum logischerweise sehr daran interessiert waren, Hündinnen zu kastrieren. Und zwar nicht aus reiner Tierliebe, sondern aus Liebe zum Umsatz. Das sollte man stets im Auge behalten, wenn man völlig veralteten, nicht aussagekräftigen Studien bedingungslos glaubt. Ich werde dennoch in einigen Kapiteln dieses Buches ein paar brandneue wissenschaftliche Studien als Quelle anführen. Um auch etwaige Zweifler und Studienliebhaber zu befriedigen.

Hochsensible Hunde in der Welpen-spielstunde

Wie ich eingangs schon geschildert habe, fühlen sich hochsensible Kinder in großen Gruppen kleiner Menschen nicht wohl. Gleiches gilt für Hundekinder! Eine Welpenspielstunde wird sehr oft von Tierärzten angeboten, was nicht zuletzt eine Frage der

Kundenbindung ist. Natürlich sieht es niedlich aus, wenn man bei Tante oder Onkel Doktor mit dem neuen, zuckersüßen Welpen vorbeischaut und der dort andere neue, ebenfalls zuckersüße Welpen trifft. Und gleich auch den neuen Tierarzt. Welpengruppen gibt es auch in diversen Hundeschulen. Ob das einen hochsensiblen Welpen wirklich glücklich macht, ist eher fraglich. Ich denke nicht.

Ein Zusammensein vieler herumwuselnder Hunde unterschiedlicher Rassen und Entwicklungsstufen bedeutet für hochsensible Welpen hochgradigen Stress. Ein unbekannter Ort, viele fremde Hunde sowie fremde Menschen und von allen außerdem reichlich an der Zahl, das macht Ihrem HSH-Welpen garantiert keine Freude. Er wird es sein, der sich als einziger zurückziehen will, der im bunten Treiben der anderen nicht mitbalgen will. Er wird es hassen, wenn einer oder mehrere größere Welpen auf ihn draufspringen und ihn andauernd zum Spiel auffordern, vor allem, wenn er nicht weg kann oder Sie als frischgebackener Hundebesitzer das Szenario gar nicht mitbekommen. Schlimmstenfalls tönt die Meldung durch den Raum (oder quer über die eingezäunte Wiese) „Die machen sich das schon unter sich aus!". Und genau dieser Satz ist das Ende vom

Hundeglück auf dieser Welt, vor allem für hochsensible Welpen. Er will sich gar nichts mit irgendeinem anderen Hundekind ausmachen müssen. Er will, dass Sie als seine vertraute menschliche Person ihn beschützend aus der Gruppe der jungen Wilden entfernen und sicher nach Hause bringen, wo er mit Ihnen oder einem eng vertrauten Kumpel spielen kann. Keinesfalls will er dort alleingelassen in einem fremden Zimmer (oder einem eingezäunten Stück Wiese) bleiben und sich nichts sehnlicher als nach irgendwo weit-weit-weg zu wünschen, während rings um ihn das Inferno balgender, rüpelhafter und meist nicht sehr sanfter Hundekinder tobt. Er wird sich unter eine Bank zurückziehen und abwarten, bis der Zirkus endlich vorbei ist, er versteckt sich hinter Ihren Beinen oder steht, wenn es ein besonders kluger Hund ist, direkt an der Türe, bei der er hereingekommen ist. Vielleicht springt er auch an Ihnen hoch um zu zeigen „Bitte, bring mich von hier weg!". Sollten Sie diese Anzeichen ignorieren und auf die wahnwitzigen „Die machen sich das schon aus!"- Worte hören, ist ein schlechter Start ins Hundeleben so gut wie vorprogrammiert. Es ist gut und wünschenswert, dass der Welpe seinen zukünftigen Tierarzt kennenlernt, ohne etwas Unangenehmes zu erleben. Er soll auch Kontakt zu anderen Hunden haben dürfen, aber nicht im Rahmen einer Multikulti-Gesellschaft, von der er nichts mitnimmt, außer möglicherweise einen Schaden fürs Leben. Eine Welpenspielstunde fällt für HSH bereits unter „sehr unangenehm". An dieser Stelle entscheidet sich, ob Ihr Hund gesund und munter aufwächst. Sie sollten keinesfalls, falls Sie frischgebackener Ersthundebesitzer sind, auf irgendjemandes Weisheit in Bezug auf hündisches Verhalten oder sonstige gutgemeinte, erzieherische Ratschläge hören, ohne jedes einzelne Wort gründlich zu hinterfragen. Dies gilt natürlich auch für dieses Buch. Ist Ihr Hund nicht hochsensibel oder völlig unsensibel, wird er es sicher ganz toll finden, mit anderen unsensiblen lauten Hunden herumzutollen bis die Fetzen fliegen. Solche muss es ja auch geben. Nur dass die Hochsensiblen dort eben fehl am Platz sind. Genau diese Unterscheidung kann lebenswichtig sein für ein Tier. Denn gerade in der heutigen Zeit geht die Welt der Hunde über vor schlauen Ratschlägen, die irgendwer irgendwann einmal von sich gab und die man keinesfalls ohne weiteres umsetzen sollte, selbst wenn sich derjenige als Trainer, Mediator oder Coach ausgibt. (Oder ein Online-Kursdiplom unter Ihre geschätzte Nase hält.) Dazu kommen wir aber später noch einmal ausführlich. Machen Sie Ihrem HSH also bitte die Freude und brechen Sie die Welpenspielstunde sofort ab, wenn Sie bemerken, dass Ihr Hund sich dem Geschehen der wilden Kerle entziehen will. Auch wenn ein größerer, stärkerer oder älterer Welpenkumpel versucht, sich auf ihn draufzulegen, ihn spielerisch zu unterwerfen oder immer wieder zu belästigen, scheuen Sie sich nicht, sofort schützend einzugreifen und den jungen Wilden sanft, aber bestimmt zurechtzuweisen, indem Sie ihn einfach dezent wegschieben. Gelingt das nicht, nehmen Sie Ihr Tier schleunigst aus der Gruppe heraus. Die meisten Rassehunde fühlen sich ohnehin ziemlich unglücklich in einem zufällig zusammengewürfelten Haufen verschiedener Hunderasse. Sie werden nie einen Husky sehen, der mit einem fremden Rottweiler lieblich vereint harmonisch spielt. Oder einen Golden Retriever, der mit einem Pitbull oder einem Dobermann freudestrahlend zurechtkommt. Dem einen ist es zu langweilig, dem anderen zu stressig. Was dem einen Hund zu rau erscheint, ist für den anderen nicht mal einen Hingucker wert. Der Chihuahua hat keine Chance gegen die Pfotenhiebe vom Schäferhund, auch wenn Liebhaber von Minirassehündchen gelegentlich meinen, diese müssten doch auch mit groben Hunden zurechtkommen. Müssen sie nicht! Würden Sie als David gerne mit Goliath balgen? Das tut weh! Selbst wenn Sie sehr draufgängerisch und mutig wären- Sie hätten niemals eine Chance. Ein Pfotenhieb vom Riesen reicht aus, um Ihre Wirbelsäule für immer nachhaltig zu demolieren. Selbst wenn der Riese sehr vorsichtig mit den Kleinsten umgeht, was meistens der Fall ist- es sind Hunde und Hunde betrachten alle Hunde gleich. Egal, ob sie groß oder klein sind. Die nehmen keine Rücksicht auf die Größe. Genauso wie sie das Wort „Welpenschutz" nicht kennen. Es gibt ihn nämlich überhaupt nicht, den vielzitierten Welpenschutz. Welpen werden von fremden erwachsenen Hunden genauso aus dem eigenen Revier verbissen oder gemaßregelt wie erwachsene oder heranwachsende Hunde. Leider hält sich diese Geschichte vom Welpenschutz mindestens genauso hartnäckig wie die Mär vom Alphawolf. Und kostete deshalb schon einigen Hundekindern das Leben. Oder sie wurden so schwer verletzt und psychisch traumatisiert, dass sie in Zukunft mit gar keinen anderen Hunden mehr zurechtkommen konnten. Beides ist nicht wünschenswert und wäre ganz leicht vermeidbar. Wenn man achtsam mit seinem anvertrauten Welpen umgeht und ihm zur Seite steht, sobald er menschliche Hilfe benötigt, auch im Umgang mit anderen Hunden. Die berühmten Alpha- und Omegatiere vom Wolfsrudel, das keines ist, sondern vielmehr eine Großfamilie, helfen ihren Kindern nämlich auch.

Sie beschützen sie, sie geben auf sie Acht.

Sie maßregeln sie nicht mit dem ewig gestrigen Alphawurf, der nur im Universum der dubiosen Flüsterwelt existiert, sie weisen sie sanft zurecht, indem sie sie mit der Nase wegstupsen. Der Alphawurf dient Wölfen nur zu einem Zweck, nämlich dazu, den Unterlegen sofort zu töten. Werfen Sie also Ihren Hund zu Boden, drehen ihn auf den Rücken und würgen ihn an der empfindlichsten Stelle, seiner Kehle, die er Ihnen ohnehin schon als Zeichen der Unterwerfung dargeboten hat, denkt Ihr Hund: „Ich habe Todesangst. Mein Mensch wird mich jetzt gleich töten.". Wollen Sie das wirklich? Diese Methode ist so barbarisch und wird dennoch im 21. Jahrhundert vom Flüsterkönig und seinen treuen Fans verteidigt. Genauso gut können Sie Ihren Hund von hinten mit einem Holzknüppel erschlagen. Das hat ähnliche Wirkung und erlöst ihn wenigstens schnell von Ihrer Gegenwart, denn sollten Sie diese gewaltsame Hundeerziehung vorziehen, wäre das auch mit

Sicherheit die bessere Lösung für ihn. Ein Ende mit Schrecken ist einem täglichen Leben in Todesangst vor der einzigen Person, der man vertraut und die dieses Vertrauen missbraucht und einem unvorbereitet in den Rücken fällt, allemal vorzuziehen. Wie schrecklich muss sich das anfühlen! Sollten Sie also auf der Straße oder in irgendeiner Institution sehen, dass jemand auf seinem Hund kniet und das Alpahwolfgedöns imitiert, zerren Sie ihn schnellstens von dem armen Tier herunter und klären Sie ihn auf. Nutzt das nichts, (und in 80 Prozent aller Fälle, ich spreche da aus leidvoller Erfahrung, wird es nichts nützen), rufen Sie die Polizei. Es ist nämlich in Deutschland und Österreich verboten, sein eigenes oder ein fremdes Tier absichtlich zu quälen, ihm körperliche oder seelische Schmerzen zuzufügen oder es in Todesangst zu versetzen.

Hochsensible Hunde in der Hundetagesstätte

Wenn ich an meine Kinderzeit im Halbinternat denke, an die vielen Stunden in Gegenwart strenger katholischer erbarmungsloser Schwestern und anstrengender, ebenso erbarmungsloser Mitschüler, die dort die absolute Macht über andere kleine Menschen in dunkelblauen Schuluniformen hatten, schaudert es mich jetzt noch. Stunden, die zu Tagen wurden, Tage, die zu Jahren wurden; so schien es mir, da die Kinderzeit bekanntlich langsamer zu vergehen scheint als die Erwachsenen-jahre, wo die Jahre wie im Flug dahinziehen. Meine Jugend im Halbinternat erschien mir endlos lang und in Zeitlupe dahinzukriechen. Ich quälte mich von Feiertag zu Feiertag und von Ferien zu Ferien. Allein die Erinnerung an diverse Tischgebete vor, während und nach den Mahlzeiten, die allesamt kantinenmäßig schlecht schmeckten (in den frühen Siebzigern des letzten Jahrtausends war man noch Lichtjahre von Begriffen wie biologisch, nachhaltig oder kindgerechtem Essen entfernt) haben sich unauslöschlich in mein Gedächtnis gebrannt. Nicht essen gab es nicht. Ich sehe noch jetzt das Bild vor mir, als ich mich als zarter Siebenjähriger erfolglos weigerte Rotkraut und Schwammerlsauce zu essen. Mir wird heute übel bei dem bloßen Gedanken an diese Gerüche. Die Schulschwester zwang mich nicht nur den Teller leer zu essen, sie füllte sogar noch eine extra große Portion darauf und stand hinter mir, zog bei jedem zu langsamen

Bissen an meinem Ohr und mahnte zur Schnelligkeit. Nach dem Essen übergab ich mich auf der Schülertoilette. Ich wollte sterben. So geht es zu in Institutionen, was drinnen vor sich geht, dringt meist nie nach draußen oder wird verharmlost. Ist bei den Tieren leider ganz genauso. Menschen geben ihre Hunde in Tagesstätten ab, wenn sie berufstätig sind und keine Zeit haben. Wenn ihre Hunde nicht alleine bleiben können oder wollen, weil sie unter Trennungsängsten leiden und die Einrichtung zerlegen oder den ganzen Tag laut heulen und bellen und Türen zerkratzen. Was dort passiert bleibt den Hundehaltern meist verborgen. Sie sehen ein freundliches Gesicht beim Abgeben und eines beim Abholen, dazwischen liegt ein ganzer Tag, den ihr Hund in fremder hündischer und menschlicher Gesellschaft verbringen muss. Ein ganzer Tag ist eine lange Zeit für einen Hund mit einer durchschnittlichen Lebenserwartung von 8 bis 13 Jahren. Viele Stunden, in denen einiges passieren kann. Ich könnte Ihnen nur Geschichten erzählen von Tagesstätten, wo man nicht Herr der Lage über das Tier wird ohne dem Hund ein Nasenhalti zu verpassen. Wo Hunde in dunklen, verdreckten Holzkäfigen in finsteren Hinterhöfen darauf warten, dass die Zeit vergeht, während sie jaulen und bellen und sich fürchten und kränken. Zwinger, wo man nicht zimperlich umgeht, wenn Herrchen und Frauchen nicht dabei sind. Tagesstätten, die sich hinter niedlichen Namen oder klingenden, tierärztlich betreuten Institutionen verstecken, Pensionsgäste aber täglich durch ungesicherte Zäune entlaufen können und fast überfahren werden und erst in letzter Minute gefunden oder von Passanten eingefangen wurden. Während die Besitzer nie ein Wort darüber erfuhren! Und sich dann wunderten, wenn der Hund auf einmal überreagiert, wenn ein Auto vorbeifährt oder sich ein Fahrrad nähert, wenn er nicht durch Türen gehen will oder sonst ein Problemchen aus heiterem Himmel auftritt. Das Problem kommt natürlich nicht aus besagtem Himmel sondern von einer hundsmiserablen Erfahrung im Hundehort. Sollten Sie nicht die Möglichkeit haben Ihren Hund bei einer sicheren Vertrauensperson für ein paar Stunden täglich abgeben zu können, wäre ein Besitzerwechsel für den Hund vielleicht sogar die bessere Lösung. Ein Hund ist kein kleines Kind, das man im Kindergarten abgibt und am Tagesende wieder dort abholt oder zehn Stunden alleine einsperrt. Ein Hund will teilhaben am Leben seines Menschen, sonst ist sein Leben sinnlos. Kann man dieser Option nicht gerecht werden, ist es fair, einen besseren Platz für das Tier zu suchen und lieber keinen Hund mehr zu halten. Niemand möchte sein Leben lang hin und hergeschoben werden oder in der Warteschleife verbringen. Am allerwenigsten ein hochsensibler Hund.

Fitnesscenter versus Agility

HSM sind genau an zwei Terminen im Fitnesscenter anzutreffen: einmal beim Einschreiben und das zweite Mal ein Jahr später beim Kündigen ihres Vertrags. Die Gründe dafür sind nachvollziehbar: es riecht intensiv nach Schweiß, Fußgeruch und ungewaschenen Handtüchern, nach verschwitzten Turnmatten und geölten Radlagern. Gemischt mit allen Varianten von Deo-Sprays, Duschshampoos und Pflegelotionen, die nur noch überboten werden vom scharfen Gestank der Desinfektionsmittel und der feuchten Putzlappen in den Kübeln der Umkleidekabinen sowie diversen intensiv chemisch duftenden Energydrinks. Für die Ohren gibt es zusätzlich eine mannigfaltig unerträgliche Geräuschkulisse, die alle Facetten lauten Gestöhnes sowie Geächze, Geschreie, gequälte, extra laute, brunftschreiartige Grunzlaute beim Hochheben und

Fallenlassen schwerer Hanteln bietet, dazu im Hintergrund omnipräsent eine Dauermusikbeschallung in Discothekenlautstärke, welche das Stöhnen zu übertönen versucht, während die Geräusche der Laufbänder, der zugeknallten Türen, der Kaffee- automaten, der Klimageräte und der Hanteln, die klirrend zu Boden fallen, nachhaltig das Trommelfell zum Zerspringen bringen. Das alles ist ganz sicher kein Ort, an dem Hochsensible länger als die erwähnten zwei Mal aufeinander treffen werden. Und wie sieht es bei den Hunden aus? Agility ist der neue Breitensport, knapp gefolgt von Treibball, bei dem sich Hund und Herrchen gemeinsam auspowern sollen, bevor es in die Mensch- Hund- Yogastunde geht. Hunde zu überfordern, das ist scheinbar der neue Inbegriff der Hundeerziehung. Ob am Laufband oder neben dem Fahrrad, ob hinter dem Trainings- Dummy herjagend oder gefühlte tausend Mal hinter dem Ball herhetzend- das Prinzip ist das Gleiche: man versucht Hunde so zu erschöpfen, auf dass sie nachher mindestens zwei darauffolgende Tage fertig sind und sich keinen Millimeter mehr bewegen können. Übersetzt heißt das: brav und folgsam werden durch Bewegung. Was das für die Hunde bedeutet? In Kürze heißt es einfach Stress pur. Adrenalin ohne Ende,

Auszeit gestrichen, Erschöpfung erwünscht, Immun-
suppression vorprogrammiert, Krankheit in Aussicht. Es
heißt für HSH warten in einer dreckigen engen Box auf
einem Outdoorplatz bis Herrchen ausgeraucht und
Frauchen endlich fertig geschwafelt hat. Einer Box, in
der vorher unzählige fremde Hunde waren, die im
Sommer von Bienen und Wespen besucht wird, die
verfloht oder voller Urin vom Vorgänger ist und in der es
vor Gerüchen nur so wimmelt. Es heißt Lärm, Kälte,
Hitze, Regen, Sturm, Matsch und Eis. Es heißt lautes
Gebell, schreiende hektische Menschen, Forderungen
selbiger und fremde Artgenossen ohne Ende. Zuviel von
alledem gepaart mit körperlicher Überanstrengung,
(denn trainiert wird meist auch, wenn der Hund Durchfall
hat, frisch geimpft ist, oder sich ein Beinchen verstaucht
hat- weil, nicht vergessen: „Da muss er durch!")
Schihüttenmusik, Lautsprechergeschrei,
Menschengegröle und Dauergebell macht HSH nicht
froh. Manchem Zweibeiner gefällt es vielleicht, dann ist er
aber gewiss keiner von den Hochsensiblen. Denn die
würden das freiwillig sicher nicht mal leise in Erwägung
ziehen, ihre Zeit in einem lauten Verein mit lauter
Vereinsmusik und lautem geselligem Zusammentreffen
an lauten langen Vereinsabenden mit möglichst vielen

lauten Menschen zu verbringen. Niemals. Und hochsensible Hunde wollen das ganz gewiss ebenso wenig. Leider haben sie keine Wahl.

„Ob ein Mensch gut ist, erkennt man zuallererst an seinem Hund und seiner Katze."
-William Faulkner-

Krankenhaus und Tierspital: Spa oder Kerker?

Ist der Mensch schwer erkrankt, muss er meist einige Zeit im Spital verbringen. Besonders nach einem chirurgischen Eingriff ist die Zeit danach oft eine echte Herausforderung für Hochsensible. Ist man nicht reich oder im Besitz einer Zusatzversicherung, muss man mit einem Mehrbettzimmer vorlieb nehmen. Was schlaflose Nächte bedeutet, selbst wenn man schlafen könnte. Denn stöhnen, schnarchen und ein falsch temperierter Raum sowie eine Gemeinschaftstoilette am Gang und ein hinten offenes Spitalshemd können zusätzlich zu etwaigen Schmerzen die Heilung bei HSM verzögern. Dazu kommt die Spitalskost, deren fragwürdiger Geschmack und Geruch schon einem Menschen ohne

119

Magenübelkeit Probleme bereiten mag. Ich habe mich immer gefragt, wie man darmoperierten Menschen Schweinsbraten mit Kohl und Knödel als Schonkost servieren kann. Und erst der Tee! Roter, völlig überzuckerter Früchtetee, Sie kennen ihn sicher, wenn Sie mal wo stationär schlecht aufgehoben waren. So ein Spitalsaufenthalt, inklusive mürrischer Nachtschwestern, die „uns" gegen drei Uhr morgens mit der Taschenlampe ins Auge leuchten um Fieber zu messen und zu gucken, ob man vulgo „wir" noch schnauft, ist übel. Diese Gerüche! Desinfektionsmittel, Angst und Tod und die Frage, wer vorgestern in genau diesem Bett gestorben ist. Klar, das ist nicht fein. Fein ist auch nicht, dass einem unentwegt Blut abgezapft wird, der jeweils diensthabende Arzt die ganze Anamnese täglich wie das Amen im Gebet wiederholen will, obwohl die Krankengeschichte nach der vierten Wiederholung schon wie in Stein gemeißelt in den Krankenakten steht, während Turnusärzte fleißig üben, Braunülen in geschundene, nicht getroffene Venen zu legen. Man ist wehrlos und kraftlos, hat bestenfalls ausreichend medizinisches Hintergrundwissen um zu sagen, dass man die eine oder andere routinemäßige Untersuchung nicht mitmachen möchte. Viele können sich aber nicht mehr wehren und durchlaufen hilf- und schutzlos den gesamten Apparat der Diagnostik und der Medikation. Besonders Kinder, Greise und pflegebedürftige Menschen können kaum widersprechen. Wehren können sich auch unsere Haustiere nicht. Keiner da, der ihnen hilft, wenn sie aus der Narkose aufwachen. Keiner da, wenn sie Angst und Schmerzen haben und sich plötzlich nachts alleine in einem fremden stinkenden lauten Zwinger wiederfinden, wo sie nicht mal zum Kot- oder Harnabsatz raus können. Kommt oft vor, dass sich da einige Hunde gar nicht aufs Klo gehen trauen. Vor allem die, die früher ständig Schläge einkassiert haben, wenn sie mal in die Wohnung gepinkelt haben, werden sich da sehr schwer tun. Sie werden vielleicht jetzt sagen „Was muss, das muss!". Oder: „Da müssen die durch!" Aus Erfahrung darf ich Ihnen aber sagen, dass Hunde (und auch Katzen) sehr oft sinnlos tagelang in der Tierklinik eingestellt schmoren. Vor allem Tiere, die aus dem Tierschutz kommen und ehemalige Heimhunde bekommen augenblicklich Todesangst und Panik. Stellen Sie sich vor, Sie hätten Ihr Leben in einem ganz furchtbaren Waisenhaus verbracht und nach langem endlosen Warten endlich neue Eltern gefunden, die gut für Sie sorgen. Seither waren Sie nie mehr voneinander getrennt. Und dann heißt es plötzlich retour in den Albtraum! Sie können nicht wissen, ob es nicht doch wieder zurück in die Hölle geht. Sie spüren nur ringsherum Elend, Schmerz und Todesangst. Würden Sie da keine Panik bekommen? Klar würden Sie. Außer Sie gehören zu den absolut Unsensiblen. Dann werden Sie vielleicht denken „Was mich nicht umbringt, macht mich härter" oder ähnliche Sprüche klopfen. Ihr hochsensibler Hund allerdings leidet dort schreckliche Qualen. Das müsste nicht sein. Denn so kann man nicht gesund werden. In einem Tierspital, ganz egal welchem, dürfen die Besitzer aus gutem Grund nicht mitgehen, wenn sie ihr Tier dort einstellen oder abholen. Haben Sie sich noch nie gefragt weshalb die nette Assistentin sagt „Warten Sie bitte hier vorne, ich hole jetzt Ihren Hund!", bevor sie nach hinten entschwindet? Nein? Dann sage ich Ihnen jetzt warum das so ist. Hundebesitzer, die Zweifel daran haben ob ihr adoptiertes Tier rebellieren wird, werden gerne mit folgenden Worten beruhigt: „Wir rufen Sie an und geben Ihnen Bescheid, wie es Ihrem Tier geht". Klar. Die rufen auch wirklich an. Und dann hören Sie Sätze wie „Ihrem Liebling geht es super, er fühlt sich so wohl wie in einem Spa." Ach ja? In Wirklichkeit reißt sich der Hund gerade zum wiederholten Mal den Venenkatheter heraus, dreht sich im Zwinger frisch operiert im Kreis wie der Teufel oder schreit sich die Seele aus dem Leib. Und zwar so lange, bis er da endlich herausgeholt wird. Ich habe das in meiner Studienzeit selbst erlebt, und zwar nicht nur ein Mal. Das kommt ganz oft vor. Nur leider wird der Hundebesitzer diese Dinge nie erfahren. „Es geht ihm gut wie in einem Spa, aber holen Sie ihn doch etwas früher als geplant ab" bedeutet, da brennt der Hut bereits. Es bedeutet, der Hund tobt, bellt, beißt, schreit, frisst nicht und reißt sich Verband und Braunülen seit Tagen vom Leib. Was können Sie also tun? Lassen Sie sich nicht abweisen. Bestehen Sie immer darauf, nach der Operation oder während der Aufwachphase bei Ihrem Tier im Zwinger zu sein. Das geht, es ist dort geräumig genug. Vergessen Sie nicht: Sie sind der Kunde und der Kunde ist König. Eine Operation ist meist kein Schnäppchen, sollten Sie nicht eine eigene Krankenversicherung für Ihr Tier abgeschlossen haben. Und auch die übernimmt nicht immer die gesamten Kosten. Sehr viele Tierkliniken haben bereits Rooming-in. Genau aus den oben genannten Gründen. Aber auch ohne Rooming-in können Sie mit Ihrem Tier die erste Nacht in den

Zwingerräumen verbringen. Schlafen werden Sie dort ohnehin nicht können, es ist sehr laut, es stinkt, der Hund ist krank und arm, Metalltüren klirren und fremde kranke Hunde jaulen und bellen. Einmal in der Nacht werden Sie den Nachtdienst antreffen. Meist handelt es sich um einen Studenten der kurz nachschaut, ob alles passt, alle Patienten noch atmen, niemand blutet und der Medikamente in Venenkatheter spritzt oder Verbände wechselt. Dann verschwindet er wieder und Sie sind mit den Hunden alleine bis zur Morgenvisite. Sie werden dort also niemand zur Last fallen. Aber Ihr Hund kann sich darauf verlassen, dass Sie ihn gerade an so einem schrecklichen Ort nicht alleine lassen und für ihn da sind. Nichts ist übler, als alleine krank zu sein. Das gilt genauso für unsere Hunde! Bei der Visite können Sie den Zwinger kurz verlassen. Die Pfleger werden Ihnen das Tier tagsüber notfalls aus dem Zwinger herausheben, damit Sie ein paar Schritte mit ihm nach draußen machen können um Blase und Darm zu entleeren. Glauben Sie mir, Ihr Hund wird es Ihnen mit ewiger Dankbarkeit und Treue vergelten, wenn Sie ihn dort nicht alleine hängenlassen. Nichts ist unmöglich. Es gibt immer einen Weg. Man muss sich nur trauen, ihn zu gehen. Und würden wir nicht alle bis ans Ende der Welt laufen, wenn es die Liebe verlangt? Sehen Sie? So einfach ist das. Ist Ihr Hund hochsensibel, wird er den Klinikaufenthalt nicht ohne psychischen Schaden ohne Sie überstehen. Sie bemerken das nicht nur an einer schlechten oder langsamen Wundheilung, sondern auch daran, dass er sehr lange Zeit nach dem Klinikaufenthalt extrem ängstlich ist und anhänglich wie eine Klette an Ihnen kleben wird. Vielleicht entstehen dadurch schlimmstenfalls Trennungsängste oder Panikattacken. Auf jeden Fall vermindert der große Stress die Abwehrkräfte und ist ein Risikofaktor für eine schnelle Genesung. Und wäre doch obendrein vermeidbar! Vergessen Sie niemals: was hinter verschlossenen Türen vorgeht, erfahren Sie weder in der Human- noch in der Veterinärmedizin. Deshalb ist es da wie dort immens wichtig, sich nicht von den Göttern in Weiß abwimmeln zu lassen und besser zwei als ein Auge auf das Geschehen zu haben. Was man liebt, beschützt man. Egal wie hoch der Preis dafür ist. Auch wenn man dafür als hysterisch, überfürsorglich oder bemutternd abgestempelt wird. Kann Ihnen doch schnuppe sein! Sie gehen mit einem glücklichen, gesunden Tier nach Hause. Die andern nicht. Die anderen haben vielleicht auch keinen hochsensiblen Hund, der diese

Geschehnisse nicht so einfach wegstecken kann wie unsensible Tiere. Sie aber schon. Und nur das zählt.

Hochsensible Hunde in der Hunde-pension

Nehmen wir mal an, Sie sind Ersthundebesitzer und möchten gerne in den Urlaub fahren. Wohin mit dem Hund?

Wenn Sie Mitglied im HSM-Club sind, werden Sie ohnehin nicht auf die Idee kommen, eine Weltreise anzutreten, einen mehrmonatigen Campingurlaub oder eine Wildwasser-Raftingtour einzuplanen. Sie werden beschaulich über menschenleere romantische, aber nicht zu ungepflegte Waldwege spazieren oder eine Hütte am See mieten- einen See, den Sie kennen und eine Hütte, die Sie ebenfalls kennen. Da spricht nichts dagegen Ihren Hund dorthin mitzunehmen.

Sind Sie jedoch nicht so sensibel und wollen ausgerechnet in den Sommerferien an die Adria campen fahren, planen Sie auf jeden Fall einige längere Pausen ein, meiden Sie Bahnfahrten oder vollgestopfte Autobusse, überfüllte Raststationen sowie überhitzte oder stark klimatisierte Autofahrten. Wollen Sie noch weiter weg, denken Sie nicht mal daran, Ihr Tier einer Flugreise auszusetzen. Hunde werden von den Fluggesellschaften behandelt wie Gepäck. Sollten Sie dazu noch Fragen haben, begeben Sie sich bitte an den Flughafen Ihrer Wahl und beobachten Sie dort eine Zeit lang das Treiben beim Verladen der Koffer. Sie werden staunen. Und nie wieder in Erwägung ziehen, Ihren Hund in einem Flugzeug zu transportieren. Koffer und Hundeboxen können verloren gehen. Piloten können plötzlich streiken, Flüge sich verspäten (und Flieger abstürzen). Kein Druckausgleich, keine Heizung, kein gar nichts. Vielleicht buchen Sie auch noch ein spezielles Tiertransportservice. Das verläuft dann wie folgt: die Firma XY kommt zu Ihnen nach Hause, kontrolliert, ob Sie Ihrem Hund ein Beruhigungsmittel eingegeben haben, denn wenn ja, nehmen die das Tier gar nicht erst mit. Dann stecken Fremde den Hund in eine Transportbox, Sie dürfen weder helfen noch sich einmischen. All das passiert in Ihrem Wohnzimmer, also in seiner sichersten Zone! Da kommen Leute, die ihn in eine Kiste packen und wegbringen! Stellen Sie sich das bitte vor! Schlimmer geht es wohl kaum. Die Kiste wird in den LKW geladen, dann zum Flughafen gebracht, das Tier landet beim Gepäck, beim Zoll, beim Check-in und im Frachtraum, dann geht's mit den anderen Koffern zur Laderampe (laut, schief!) ohne dass der Hund nochmal aussteigen kann. Es gibt weder Wasser noch Futter noch sonst was. Im Flugzeug ist es kalt, noch lauter und sehr einsam. Außer andere Hunde fliegen mit. Dann ist es furchtbar laut. Eine Hundebesitzerin aus meiner Praxiszeit ließ ihren sehr großen Hund nach Übersee mitfliegen, weil sie auswanderte. Sie hörte während der ganzen vierundzwanzigstündigen Flugzeit ihren Hund im Frachtraum bellen. Und wenn Sie sich jetzt bitte vorstellen, wie gut gedämmt die Wände eines riesigen Langstreckenfliegers sind, wissen Sie ungefähr, was der Hund für Qualen litt. Acht Stunden vorher schon ohne Klo und Wasser aus seinem sicheren Zuhause ohne Vorwarnung verschleppt, während seine Menschen lustig lachend dabei zusahen. 24 Stunden im Flugzeug. Ein paar Stunden nach der Landung ging es noch immer nicht aus dem Käfig heraus, sondern der Hund kam erst in den Quarantänezwinger und wurde vor Ort vom Amtstierarzt untersucht. Kann man seinen Hund eigentlich ernsthaft lieben, wenn man ihm so etwas zumutet? Ich denke nicht. Sie war ja nicht auf der Flucht. Der Hund war bereits zehn Jahre alt, sie hätte mit dem Auswandern warten können bis er tot ist. Ich hätte das zumindest so gemacht. Meinem Hund zuliebe. Sie dachte nicht mal daran. Denn, bitte lauschen Sie jetzt meinen Worten, die Frau hat vor dem Flug die Aura-Leserin aufgesucht und um Rat gefragt. Und die Engelsflüsterin hatte ihr gesagt, dem Hund würde es gut gehen, weil sie ihn mit ihren Gedanken begleitet. Liebe Güte. Am neuen Kontinent angekommen, musste der arme Kerl noch eine monatelange Quarantäne in einer anderen Klimazone (er kam direkt vom tiefsten Winter in den heißesten Hochsommer) in einem Betonzwinger absitzen. In Einzelhaft. Ein Hund, der ohnehin schon zuhause immer unter Trennungsangst litt. Er schlief nicht, er fraß nicht, er bellte unentwegt und er nahm zehn Kilo ab. Er überlebte. Aber er war nie wieder der alte Hund. Die Frau hingegen fand das nicht sonderlich schockierend. Weil sie ja ohnehin den Hund vor der Abreise mit schützendem Engelsspray der Heilerin besprüht hatte. Da fehlen mir einfach die Worte. Ich habe sie zum Glück aus den Augen verloren. Diese kurze Geschichte soll Ihren Hund davor bewahren, dass ihm selbiges Schicksal im Flugzeug widerfährt. Selbst wenn es sich nur um einen Zwei-Stunden-Flug handelt. Tun Sie es nicht. Und stecken Sie ihn auch bitte nicht in irgendeine Tierpension, und sei sie auch noch so vielgepriesen und von irgendjemand empfohlen. Die Menschen, die Ihnen das raten, sind vielleicht nicht so zart besaitet und finden gar nichts dabei, ihr Tier irgendwo abzugeben. Manche Menschen holen sogar ihre Hunde nie wieder ab. Das kommt oft vor, darum sind Tierschutzhäuser immer gut bestückt, vor allem zur Urlaubs-, Ferien-, und Weihnachtszeit. Nun will es der Zufall, dass ich nicht weit weg vom Grundstück einer Kollegin wohne, die selbst eine solche Tierpension betreibt. Klingt gut, tierärztlich betreute Tierpension und Hundetagesstätte, oder? Sie würden sich wundern. Täglich hole ich die eigenen Hunde der Kollegin oder die entlaufenen Pensionsgäste von den anrainenden Straßen. Ihr Gartenzaun ist nämlich nicht dicht. Was ich ihr mehrmals gesagt habe, ich habe den Zaun selbst öfter geflickt. Die stärkeren Tiere durchbrechen das Gitter dennoch immer wieder. Ich habe sie auch beim Amtstierarzt gemeldet. Vergeblich! Manchmal ereilt alle Wiener Kollegen eine E-Mail, wenn sie wieder mal bekannt gibt, dass ihr ein Pensionshund entlaufen ist. Alle dürfen dann suchen helfen. Was ihr übrigens nicht mal peinlich ist. Eine Hundeschule betreibt sie auch. In dieser finden regelmäßig Hundekämpfe statt, die sie mit Wasserschlauch oder Würgestrick bekämpft. Einige

Hunde zerfleischten sich, einer verstarb, auch da habe ich die Polizei gerufen. Die wiederum ließ sich abspeisen, da die Dame schließlich selbst Tierärztin sei. Und daher schon wissen würde, was sie tue, hieß es von Seiten der Exekutive. Das ist die Wahrheit. Und die Wahrheit hört man nicht so gerne.

Nun haben Sie einige Vergleiche zwischen HSM und HSH gehört. Allen gemeinsam ist vor allem eines: Menschen und Hunde reagieren ähnlich, wenn nicht gleich, auf diese Methoden und Situationen, nämlich verstört, ängstlich und gestresst. Allen gemeinsam ist auch die Tatsache, dass man mit Sicherheit niemals HSM freiwillig auf überfüllten Hundeabrichteplätzen, in diversen Hundesportvereinen, Gemeinschafts-campingplätzen und Klubanlagen, im Fitnesscenter, auf Aufmärschen, Demos oder im Ferienlager antreffen wird. HSM meiden solche Orte wie der Teufel das Weih-wasser und es ist anzunehmen, dass Sie, selbst wenn Sie bis jetzt nichts von Ihrer eigenen Hochsensibilität ahnten, ein erstauntes und erleichtertes „Ach, deshalb fand ich es dort schon immer so abscheulich!" ausrufen werden. Herzlichen Glückwunsch und Willkommen im Club! Und könnte ein hochsensibler Hund reden, würde er genau das Gleiche sagen. Take care.

ÜBER DIE VERERBTE RANGORDNUNG DES HUNDES, HUNDEFLÜSTERER UND DEN „ALPHAWURF"

Sie sind Hundebesitzer und haben davon noch nie gehört? Sie wissen gar nicht, ob Ihr Hund ein „Vorne", ein „Hinten" oder ein „Mittendrin" ist? Oder einfach gar nicht zu Ihnen passt, nur weil ein schwurbeliger Gärtner angeblich irgendwann einmal die Behauptung in den

Raum stellte, es gäbe sieben Typen von Hunden, die da wären vorderer Leithund (VLH), vorderer Kundschafter (V2), vorderer Wächter (V3), Zentralhund (MBH), hinterer Kundschafter (N2), hinterer Wächter (N3) und hinterer Leithund (NLH) und alles irgendwo dazwischen sei zu bezwingen, nötigenfalls durch die Hunde selbst? Und das, obwohl es gar nicht der Gärtner war, sondern eine weitere wahnsinnige Hundeklempnerin, ich nenne sie vereinfacht Tante Babsi. Dort kommt also der echte Mist, der richtige Wahnsinn her, der 2017 wieder boomt wie süßer, billiger Wein. Geht nicht, gibt's nicht!

Denn wenn es mit einem Hund mal nicht so klappt, wie man es gerne hätte, dann tausche man den Hund einfach um. Oder man tausche ihn aus und ersetze ihn, aufgepasst, durch ein "ins Rudel passend geborenes" Tier. Sie lachen?

Die Hunde haben dabei leider gar nichts zu lachen. Es ist eher zum Weinen. Und nun stehen auch diverse Videos von dieser kranken Frau, die den Gedankenschrott wieder zum Leben erweckt hat und damit reich wird auf Kosten mutwillig verletzter Hunde, wieder im Netz. Auch hier läuft ein Verfahren wegen tierschutzwidrigen Verhaltens. Auch hier wird nichts passieren. Die steinalte Theorie der "vererbbaren

Rangordnung" geistert weiter munter überall herum und findet neue Anhänger ohne Ende. Reich werden auf Kosten gequälter Tiere ist immer angesagt. Gleich der Anhängerschaft der Flüsterer-Sekte finden sich auch hier äußerst schwer zugängliche, beratungsresistente Hundehalter, die jeden noch so konfusen Unsinn glauben, solange sie damit ihr Tier auf jede erdenkliche Art und Weise dominieren und unterordnen können. Während sich irgendein Fernsehsender damit zum wiederholten Mal goldene Ohren verdient. Weshalb das möglich ist? Diese Frage wäre doch wirklich eine wissenschaftliche Studie wert.

Möglicherweise, weil das Gehirn dieser Menschen zu wenig bis keine Aktivität in Cortex und Amygdalasie aufweist und dadurch mangelnde oder keinerlei Empathie zulässt? Dem könnte man abhelfen, denn Empathie kann man lernen, wie wir gehört haben. *„Dazu muss man nur beobachten, was bestimmte Personen üblicherweise tun und man muss lernen, welche Äußerungen (mit Worten, Gesten oder Mimiken) üblicherweise mit diesen Verhaltensweisen einhergehen."* Dies gilt auch und vor allem für Besitzer des Mysterium "Hund", der doch ohnehin eine klare Sprache spricht, was aber die meisten Hundebesitzer offensichtlich weder kümmert, noch können sie diese verstehen. (Quelle: http://gehirn-und-denken.de/empathie/) Scheitert es vielleicht daran, dass diese Menschen ihre Tiere überhaupt nicht verstehen, respektieren und lieben? Nein, es scheitert schlicht und einfach daran, dass es sich um völlig unsensible Menschen handelt. Wieder einmal. Die Mehrheit gewinnt auch diese unselige Schlacht. Vielleicht fragen Sie sich gerade, was dieses fatale Thema der Rangordnungstheorie in diesem Buch überhaupt verloren hat. Leider mehr als mir lieb ist. Gerade die Hochsensiblen unter den Hunden leiden, wenn fanatische Anhänger diverser Sekten einen möglichst schnellen Weg suchen, um ihre Hunde zu beherrschen. Nötigenfalls auch in Form von Steinzeitmethoden oder einer anderen geistigen Fehlentgleisung irgendeines profitgierigen, angeblichen Hundeprofis. Gerade HSH reagieren stärker auf Berührungen und Emotionen ihrer Menschen. Sie sind daher die Ärmsten unter der Sonne, wenn sie brutalen, jähzornigen Besitzern ausgeliefert sind. Deshalb ist es nötig, dies auch hier in einem eigenen Kapitel nochmals anzuführen. Um möglichst viele Hunde vor solchen Menschen zu bewahren muss ich die Folgen immer wieder detailliert aufzeigen.

Selbst wenn ich mich wiederhole. Sollten Sie nun zu den glücklichen Menschen gehören, denen die Gehirndiarrhoe von der „Vererbten Rudelstellung" noch nicht unter die geschätzten Augen gekommen ist, eine Theorie, gegen die sich sämtliche(!) namhafte Wissenschaftler, Tierärzte und Kynologen aussprechen, hier ein paar Infos dazu.

„Nach Ansicht von Fachleuten ist die Rudelstellungslehre eine Pseudowissenschaft mit kommerziellem Motiv; sie warnen vor ihr, da die Befolgung der Lehre bei Hunden zu Verhaltens- auffälligkeiten und Traumatisierung führen könne. Der Hunde- und Wolfsforscher Günther Bloch hält die Rudelstellungslehre für „extrem realitätsfremd". Für die Kieler Verhaltensbiologin Dorit Urd Feddersen-Petersen ist die Lehre ein „bizarrer Unsinn" mit „gefährlichen und tierschutzrelevanten" Folgen. Der Greifswalder Zoologe Udo Gansloßer sieht „keinerlei genetisch vorstellbaren oder gar genetisch beschriebenen Mechanismus", der angeborene Rudelstellungen hervorrufen könnte. Der Tierpsychologe Thomas Riepe hält die Rudel- stellungspraxis für "unfassbares Verhalten den Tieren gegenüber". Der Tierschutzbund, der VDH und weitere Organisationen warnen auf ihren Websites vor

Rudelstellungen.", erspart mir Wikipedia die Kleinarbeit, in die Weltmeere menschlicher Auswüchse noch tiefer einzutauchen als mir lieb ist, um Wahnsinn in eigene Worte zu kleiden. Und davor zu warnen. Des Weiteren wurden *„nachprüfbare Beobachtungen oder Belege für die Existenz vererbter Rudelstellungen von Anhängern der Lehre bisher nicht erbracht. Bei der auf der Rudelstellungs-Website zitierten „genetischen Forschung" zur Unterstützung der Rudelstellungslehre handelt es sich nach Angabe von Kritikern in Wirklichkeit um einen irreführend wiedergegebenen Auszug aus einer Studienarbeit zum Thema „Rassebestimmung von Mischlingshunden". Die Daten der Studienarbeit gingen auch in eine Dissertation am gleichen Fachbereich zur Abstammungsanalyse ausgewählter Tierarten ein."* Das Konzept der vererbten Rangordnung erinnert tatsächlich stark an die Theorien eines gewissen kleingewachsenen Diktators und Massenmörders mit Oberlippenbärtchen und Seitenscheitel, der anhand von Farbtabellen der Iris, des Kopfumfangs sowie dem Grad der Nasenkrümmung „Arier" von „Nicht-Ariern" zu erkennen und unterscheiden glaubte und den ich Ihnen leider später in einem eigenen Kapitel noch einmal unangenehm ins Gedächtnis rufen muss. Das Volk aber, wie die Geschichte bewies, glaubte und vertraute ihm.

Das Volk glaubt augenscheinlich allen kleinen, unausgelasteten Männern mit ausgeprägtem Minderwertigkeitskomplex, die allesamt auf Kosten Schwächerer ihre eigene Unzulänglichkeit zu kompensieren versuchen. Ihnen wird ermöglicht mittels fataler Selbstverherrlichung zum Sektenführer aufzusteigen, weil sie endlich vom dumpfen Mob wahrgenommen, bewundert und erhört werden. Napoleon: klein. Hitler: klein! Millan: na Sie wissen schon. Klein! (Frau Barbara E., geistige Mutter der Rudelrangelei-Theorie ist, selbst wenn sie großgewachsen wäre, scheinbar empathisch besonders klein. Aber dennoch groß genug, um daraus Kapital zu schlagen.)

Was natürlich alles eine kleine Verallgemeinerung ist. Es gibt ja auch kleinwüchsige Menschen, die große Denker und Genies waren. Einstein zum Beispiel, oder Mozart. Aber das ist ja genau das Schöne an so einer Verallgemeinerung. Man kann sie fast überall anwenden. So auch im Fall der vererbten Rangordnung. Oder in diesem Buch.

Gelegentlich frage ich mich, ob die Flüster-
sektenmitglieder und die Seite der Rangordnungs-
theoretiker in einem gemeinsamen Paralleluniversum
frohlockend kooperieren. Weil doch auch der
mexikanische illegale Grenzenstürmer empfiehlt, Hunde
zur „resozialisieren", indem man das auserkorene Opfer
zu einem Haufen anderer Hunde sperrt und, Sie ahnen
es sicher schon, die sich "das" dann untereinander
ausmachen lässt. Mit übrigens den gleichen fatalen
Folgen. Schwere körperliche Verletzungen der Hunde,
von den psychischen Verletzungen und dem
Vertrauensbruch rede ich da gar nicht. Und was genau
unterscheidet diese Theorie von ach so verurteilten
Hundekämpfen, in denen man scharfgemachte Tiere
einfach aufeinander losgehen lässt, bis der Stärkere
gewinnt, um damit Wettgeld zu verdienen und
sadistisches Verlangen zu stillen? Nichts.
Welches trübe Hirn hat immer noch nicht kapiert, dass
selbst die vielzitierten Wölfe „es" sich nicht untereinander
ausmachen? Denn Wolfseltern helfen ihren Kindern!
Welcher normalgeistige Hundehalter macht bei so etwas
mit? Leider mehr Menschen als man annehmen möchte!
Offensichtlich alle diejenigen, die mit ihrem ohnehin
normalen Tier nicht klarkommen. Und das dürften sehr

viele sein, sonst gäbe es die Nachfrage nach solchen Foltermethoden, Flüsterern und Hundecamps ja nicht. Hauen wir sie einfach in die Pfanne! Passt nicht, gefällt nicht? Kein Problem. Umtausch wie bei H&M oder Amazon. Denn „man müsse die Geburtsstellung seines Hundes kennen, um mit ihm richtig umgehen zu können. Die Einschätzung der Geburtsstellung wird in "Workshops" kommerziell angeboten. Bei Haltung mehrerer Hunde sei unbedingt zu beachten, dass deren Stellungen zueinander passen. Andernfalls wird unterschieden zwischen "Doppelbesatz" (zwei Hunde mit gleicher Rudelstellung) und "Fehlbesatz" (zwei Hunde mit nicht aufeinanderfolgenden Rudelstellungen). In beiden Fällen müssten die Hunde getrennt, abgegeben oder gegen passende Stellungen umgetauscht werden. Abgabe und Tausch der Hunde wird ebenfalls auf einer internen "Tauschbörse" vermittelt, so klärt uns Wikipedia auf.

Und dann taucht weltweit immer wieder die Frage auf, warum unsere Tiere krank, gestresst und halb ohnmächtig vor Angst sind. Ja warum? Weil sie sich in Gewahrsam von irren, völlig verrohten Menschen befinden, die nicht nachdenken, was sie tun und wie sie es tun. Menschen, die wohl auch ihre Kinder so behandeln. Die müssen da durch! Friss oder stirb!

Es sind ja bekanntlich genau die Menschen, die selbst von oben eins auf den Deckel bekommen und einer Obrigkeit (sprich ranghöheren Person, wie Chef oder Ehegespons) gehorchen müssen, die dann selbst gerne nach unten treten, um ihren angestauten Frust abzubauen. Fast täglich ist der Alphawolf- oder der Rudelstellungskram auf den Straßen zu sehen. Zuerst Fußtritte, die aus dem Nichts kommen und die Hunde absichtlich schwer verletzen und ihnen, außer Angst und Schmerzen, rein gar nichts „beibringen". Darauf folgt dann der „Alphawurf" wie das Amen im Gebet.

Einen Hund aufgrund irgendeines unerwünschten Verhaltens, das uns gerade nicht in den Kram passt (sei es das Verbellen eines anderen Hundes oder das Hochspringen an Menschen zur Begrüßung) auf den Boden zu ringen, ihn am Rücken liegend zu fixieren (wo er sich doch ohnehin schon längst unterworfen hat!) und ihn dabei noch lange und wortlos am Hals zu würgen- bitte, geht es noch schlimmer? Das tut der Wolf doch auch, denken Sie?

Ja, der tut das gelegentlich. Genau, auch hier wiederhole ich mich schon wieder. Denn man müsste es eigentlich stündlich in die Welt schreien. Der Wolf tut das genau dann, wenn er beschließt, seinen Feind zu killen. Sie verstehen? Man versetzt einen Hund damit in Todesangst vor dem endgültigen, dem tödlichen Biss an der Gurgel. Dieses Szenario hat nichts mehr mit Rangordnung und dem andern Quatsch zu tun! Hier geht es nur noch um Leben und Tod.

Der Hund denkt, man will ihm das Einzige nehmen, was er besitzt: sein Leben! Allein selbst bei der hundertsten Wiederholung dieser bewiesenen Fakten geht das nicht in die Gehirne dieser herzlosen, abgestumpften, allwissenden, wohlstandsverwahrlosten Hundeguru-Fans hinein. Nicht einmal dann, wenn Hundeführer, deren Hunde im Ernstfall zuverlässig abrufbar und einsetzbar sein müssen, um Leben retten oder zu beschützen, auf brutale Erziehungsmethoden verzichten. Wie es bei Bergrettungshunden oder der Polizeihundebrigade gerade vorexerziert wird, deren Ausbilder offensichtlich längst begriffen haben, dass man mit gewaltfreier Hundeerziehung bessere Ergebnisse erzielt. Aber das spielt keine Rolle. Denn die eingeschworene Schicht der Flüsterer-Elite begreift es weiterhin nicht. Die geistige Hundeelite braucht Rudelcamps und Gewalt, um ihre aufmüpfigen Hunde, die nichts als die alleinige Weltherrschaft anstreben, zu meistern.

Was Sie dagegen tun können? Bleiben Sie stehen und klären Sie Hundehalter auf, wenn Sie so ein Tier in Not sehen. Wenn Sie bemerken, dass ein geistiges Nackerbatzel seinen Hund bedroht, rufen Sie das Veterinäramt und die Polizei. Es ist gesetzlich verboten, eigene und fremde Tiere absichtlich zu quälen.

Wegschauen hilft nicht. Am wenigsten dem Hund.

(Kein Wunder, dass Hunde nachweislich durch Stress graue Haare bekommen.) Es könnte durchaus sein, dass mir da selbst eines Tages die Hand ausrutscht, in Form eines kleinen "Stupsers" vielleicht, wenn ich auf so ein Wesen treffe, das seinen Hund mit dem Alphawurf traktiert. Könnte auch ein "Trittchen" sein. Tut ja eh nicht weh. Dies natürlich nur, um die Rangordnung klarzustellen. Ich stoße quasi zu einem fremden Rudel und mische mich ein. Mache einen auf Alphamännchen, das gerade ein neues Revier sucht. Mal sehen, wie der vermeintliche Alphamensch dann doof guckt, wenn er plötzlich unter mir am Boden liegt, ich auf seinem Brustkorb hocke und ihn am Hals bewusstlos würge. Ob er dann kapiert, was er seinem Hund antut? Wenn nicht, tausche ich ihn eben einfach aus. Gegen einen netten,

freundlichen, handzahmen Affen mit Hirn und Herz.
Aber noch einmal ganz kurz zurück zum vererbten
Rudelstellungsgeschwafel. Dieser Gärtnermeister, der
angeblich als der frohe Schöpfer des „vererbten"
Rudelstellungsschwachsinns gilt, meinte zwar „die
künftigen Stellungen bereits bei neugeborenen Welpen
anhand ihrer "Schlafpositionen" erkennen zu können.
Hierbei unterscheidet man perfekte Würfe (7 Welpen mit
allen 7 Stellungen), akzeptable Würfe (eine Stellung
fehlt) sowie nicht akzeptable Würfe (mehrere fehlende
oder mehrfach vorhandene Stellungen im Wurf). Letztere
führten zu Chaos und würden daher von
"stellungsstarken" Hündinnen in der Regel durch
"Vernichten" der unpassenden Welpen oder des ganzen
Wurfs repariert". Nun ist die „Schlafstellung der Welpen"
bei Heimtieren leider nicht nachvollziehbar. Dazu kommt,
dass mein Hund weder Alpha noch Omega, weder vorne
noch hinten ist. Der ist immer an meiner Seite,
gelegentlich sonnt er sich auch gerne im Garten. Das
liegt aber wahrscheinlich daran, dass er adoptiert ist.
Und umtauschen wollte ich ihn dann auch nicht. Ich bin
nämlich altmodisch. Ich stehe zu meinem Wort, das ich
ihm gegeben habe, nämlich bis zum letzten Atemzug an
seiner Seite zu sein. Egal ob er vorne, hinten, in der

Mitte oder sonst wo steht. Und zusätzlich hat er das Glück, dass ich Alphamännchen genug bin, um weise und gerecht zu entscheiden, sodass er durch den ganzen (angeborenen) Schwachsinn diverser Menschen nicht durch muss. Niemals. Wenn Sie sich jetzt fragen, was das Ganze mit hochsensiblen Hunden zu tun hat, so lautet die Antwort: hochsensible Hunde leiden noch mehr unter gewalttätigen, hochaggressiven „Abrichtemethoden" als unsensible Tiere. Viele dulden still und werden krank. Denn kein Hund der Welt kann so unsensibel wie der prügelnde, pöbelnde Mensch, der am anderen Ende der Leine hängt, sein. Keiner.

Das macht betroffen, oder?

Sollte man noch nicht betroffen genug sein, durfte man sich auch 2017 (und länger) wieder über die Hundeflüsterer- Tour freuen. 2014 hat man gegen den Tierquäler aus Mexiko wenigstens noch protestiert, Kritik kam aus den höchsten Reihen. Und jetzt? Im März 2017 fand eine Flüsterer-Show mitten in Wien statt, in der die Fans live beobachten konnten, wie Hunde für 70 Euro aufwärts gequält werden. Und keiner verlor mehr ein Wort darüber. Man hat sich offensichtlich damit abgefunden, dass der weltweit unqualifizierteste Hundetrainer ohne Ausbildung mit anhängigen

Gerichtsverfahren quer durch Europa tourt und den Hunden das Leben zur Hölle macht. Ich habe schon sehr oft über die Konsequenzen berichtet. Allein, die Menschen werden offensichtlich immer abgestumpfter.

Abgestumpft dagegen, dass man seinen Hund verletzt, tritt, würgt, schlägt, boxt oder anzischt, um ihn zu führen oder ihm etwas beizubringen?

Abgestumpft dagegen, dass man Hunde an einem Strick durch die Luft wirbelt und anschließend auf sie draufspringt und sie niederknüppelt, bis sie luftringend und mit Todesangst im Blick, erniedrigt und verletzt, letztendlich wie willenlose Roboter auf dem Rücken liegend gehorchen?

Aus purer, panischer Angst vor dem nächsten verharmlosten "Trittchen" in die Weichteile, dem nächsten Niederbrüllen, dem nächsten Leinenruck, der die Wirbelsäule schwer schädigt, das Tier traumatisiert und zusätzlich noch falsch konditioniert? Abgestumpft und teilnahmslos werden die tierschutzwidrigsten Methoden angewandt und es wird gezerrt, getreten, gewürgt und gezischt.

Man mimt im 21. Jahrhundert den menschlichen Wolf, und lässt den Hund alleine mit seiner Angst, ja man vergößert sie sogar noch um ein Eckhaus.

Ist es das?

Das Zeichen dafür, dass die Welt endgültig den Bach runter geht? Dass man wirklich nicht mehr an das Gute im Menschen glauben darf? Dass es nur noch empathielose, kranke Zombies gibt, die ohne mit der Wimper zu zucken ihr Tier malträtieren, nur weil es irgendein Guru empfiehlt? Weil wirklich jeder Neandertaler mit Mammut und Keule seinen Hund mit Gewalt gefügig machen kann, was aber keine große Kunst, sondern bloß reine Tierquälerei ist. Und Gewalt gegen ein Tier ist gesetzlich verboten. Nur im Millan-Universum nicht. Und jetzt?

Jetzt huldigte man in Wien, Weltstadt, dem Sektenführer und ehrte ihn als Hunderetter. Nicht nur in Wien. Überall. Offensichtlich sind erschreckend viele Menschen gnadenlos verroht oder einfach nur blind, wenn sie die Bilder angstgeweiteter Hundeaugen weltweit live anschauen wollen. Hunde, die hinter den Showräumen bereits traktiert wurden, aber nicht vom Oberguru, sondern von einem anderen Brutalo, werden wie Tanzbären vorgeführt und unterworfen. Das Publikum, lauter tolle Hundeliebhaber, applaudiert begeistert. Wir lieben Hunde! Na klar doch.

Herzlich Willkommen im Mittelalter!

Schauen Sie sich die gefolterten Hunde auch weiterhin gut an, die dank „Cesars Way" die Hölle auf Erden erleben dürfen. Das Karma ist mächtig. Es hat auch den Knochenbrecher nicht verschont. Wer solche Shows sieht und immer noch sagt, es handle sich um „flüstern", der ist in meinen Augen eine verachtenswerte Kreatur und von einem Menschen meilenweit entfernt. Die Herzlosigkeit der Menschen, die ihre Hunde mittels roher Gewalt systematisch zerstören, stressen und krank machen, spricht Bände. Es ist eine traurige, kalte Welt geworden. Besonders traurig ist sie für hochsensible Hunde, die dank solcher Bestien ihr Leben lang leiden müssen. Einige davon überleben die Torturen nicht und gehen elend an den Folgen zugrunde. Um dieses Kapitel positiv zu beenden, lasse ich hier Platz frei. Für ein Bild Ihres Hundes und für Ihre ganz persönlichen Notizen, wofür Sie Ihrem Hund aus tiefstem Herzen dankbar sind

🐾 Ich bin dankbar für:

DEN HUNDEDARM ENTGIFTEN- GEHT DAS?

Menschen folgen neuen Trends in der Hundehaltung leider wie Lemminge. Weshalb ich grad Lemminge als Beispiel anführe? Brehms Tierleben erklärte uns *„Der Lemming ist unbedingt das rätselhafteste Tier ganz Skandinaviens. Noch heute glauben die Bauern der Gebirgsgegenden, dass er vom Himmel herabgeregnet komme und deshalb in so ungeheurer Menge auftrete, sich später aber wegen seiner Fressgier den Magen verderbe und zu Grunde gehen müsse."* Ein angeborener Instinkt soll Lemminge nach der Massenvermehrung zu Massenwanderungen treiben, und sobald sie das Meer erreicht haben, haufenweise von den Klippen springen lassen, um so kollektiven Selbstmord zu begehen. Wenn Lemminge wandern, treffen sie zwangsweise auf Flüsse, die sie überqueren müssen; da Nagetiere nicht unbedingt zu den allerbesten Schwimmern gehören, ertrinken die meisten. Auch hier gilt demnach: von Massenselbstmord keine Spur. Schuld am Lemmingensterben ist eher der Klimawandel, denn milde Winter bieten keine dicken Schneedecken, unter denen die Nagetiere überwintern und sich vermehren können. Sie begehen also keinen Selbstmord, obwohl die Menschen dies gerne glauben. Menschen glauben solche Geschichten, weil Menschen Dinge einfach so hinnehmen, die man ihnen erzählt.

Und das führt uns zum eigentlichen Thema: den kollektiven Trends in der Hundebespassung.

Den Lemmingen zu folgen bedeutet, kollektiven menschlichen Wahnsinn nachzumachen, oder unüberlegt gerade angesagte Dinge zu tun, ohne diese gründlich zu hinterfragen.

Wie beispielsweise die neueste Modeerscheinung, Hunde mit ganzen Pelztieren (oder getrockneten toten Teilen selbiger wie pelzige Hasenohren u.ä.) zu füttern, „um den Hundedarm damit zu reinigen oder Wurmbefall zu verhindern." Dazu passend kann man im Onlinehandel auf diversen Tierbedarfsseiten für Hunde auch Reste der Pelzindustrie, nämlich Abfälle von Schaffellen, kaufen, damit der Hund diese zerfetzen und fressen kann. Offensichtlich als Ersatzbeute gedacht. Oder eben um „den Darm durchzuputzen" .

Augenscheinlich kann man heutzutage wirklich mit allem Geld machen! Kommt man mit tierärztlichen Argumenten, die dagegen sprechen, erfährt man, dass „abgeschluckte Fellhaare dem Hundemagen nicht schaden können, wenn die Felle vorher gefroren wurden". Dies macht mich sprachlos. Was selten vorkommt! Vor allem weil es Unsinn ist. (Um mit dem vielzitierten Wolf zu argumentieren: der Wolf friert seine Opfer auch nicht vorher kurz ein. Abgesehen davon, dass er die Haare nicht mitfrisst.) Die Geschichte vom Wolf und seinen angeblichen Ernährungsgewohnheiten sowie die Sache mit den Fellteilen, die dem leichtgläubigen Hundehalter als „Darmdurchputzer" ans Herz gelegt werden sind übrigens der Hauptgrund, warum ich das Buch „Tipps vom Hundedoktor- Gesunde und glückliche Hunde müssen nirgends durch!" geschrieben habe. Darin gehe ich so manchem Irrsinn nach, den Hundebesitzer und ihre selbsternannten Gurus anrichten. Denn unsere Hunde müssen nirgends durch! Aber zurück zum haarigen Thema: Selbst wenn der Hund die Fell-Beute aus dem Internet nicht frisst, sondern nur damit herumtobt und sie büschelweise voller Freude auseinandernimmt, bleiben doch Haare in seiner Maulhöhle, die er versehentlich abschluckt, einfach deshalb, weil er sie nicht mehr herauswürgen kann. Sollten Sie das nicht glauben, probieren Sie es aus. Ein Mund voller Haare macht keine Freude. Auch dem Hund nicht. Und kommen Sie mir nicht mit dem

berühmten Würgereflex vom Wolf. Der Hund hat keinen
so flexiblen Kehlkopf wie der Wolf. Hat er etwas
versehentlich verschluckt, muss er es bestenfalls wieder
erbrechen, um es aus dem Magen zu entfernen, bevor
dieser Schaden nimmt. Geht das nicht, oder zu spät, ist
die Misere schon da: die berühmte Magenverstimmung,
die Gastritis. Der Hund mag plötzlich nicht mehr fressen
und keiner weiß warum. Er erbricht dauernd oder nach
dem Essen. Dann kommt der Durchfall. Oder beides. Es
folgen Antibiotika, Antazida und Diätfutter, manchmal
reicht das, oft aber nicht, und dann sieht man im
Röntgenbild: ein Bezoar! Oder ein abgeschluckter
Riesenknorpel! Ein Teil vom Rehfusserl, ein Stück Huf
von was anderem, ein Elchgeweih, eine Kastanie im
Darm, ein Darmverschluss durch Knochenkot. Oder eine
verschluckte Socke. Ein Aug vom Spielzeug. Und vieles
mehr.
Weil, Sie wissen sicher schon worauf ich hinaus will:
„Das macht meinem doch eh nix". Nur deshalb. Oder
weil: „Aber der Wolf macht das ja auch!". Beides
schlimm, wenn Sie mich fragen. Gerne erkläre ich nun
die Folgen für den Hund, der Haare verschluckt hat (egal
welche, vor allem aber von Fellen und anderem nicht
hundetauglichen Spielzeug, wie z.B. Stofftiere mit

giftigem Plastikfaserinhalt). Haare verklumpen im Magen zu einem Haarballen, auch „Bezoar" genannt. Oder sie verklumpen im Darm.

Ich darf hier Wikipedia zitieren, um mir die Arbeit zu ersparen: „...*Bezoare entstehen durch Verschlucken von Haaren. Selten werden Bezoare nicht nur im Magen, sondern auch im Dünn- oder Dickdarm gebildet und können hier zu einem Darmverschluss (Ileus) führen. Es wird auch von Bezoaren in der Bauchspeicheldrüse berichtet, die aus einer kaugummiartigen Masse bestehen. Ein Phytobezoar besteht aus ungenügend durchgekauten pflanzlichen Fasern. Ein Medikamentenbezoar kann sich im Rahmen einer Antazida-Therapie entwickeln.*" Heißt, wenn man dem Hund lange Zeit Magenschutz –Medikamente eingibt (z.B. bei andauernder Schmerzmittelgabe bei chronischen Schmerzen oder bei Reizmagen), kann ebenfalls ein Bezoar entstehen.

Dabei spielt es keine Rolle, ob das Fell, welches man dem Hund zum „Spielen" und „Zerreißen" gibt, vorher ein paar Stunden tiefgefroren wurde oder nicht. Haare sind Haare. Die Folgen für den Hund sind bestenfalls eine Magenwandentzündung (Gastritis) mit Erbrechen und Durchfall. Im schlimmsten Fall versperrt der Haarballen den Magenausgang, wird nach einem langen Leidensweg endlich im Röntgenbild entdeckt und muss anschließend durch eine Magenoperation entfernt werden. Auch eine Magendrehung ist nicht auszuschließen. Warum? Weil Leute leichtgläubig sind. Oder lemminghaft beratungsresistent. Wer das Opfer in der Geschichte ist, kann man sich denken.

Dann kommen Menschen daher, mündige Bürger, die dem Tierarzt allen Ernstes glaubhaft machen wollen, dass das Verfüttern und Abschlucken ganzer Feldtiere (Hasen, Hamster, Krähen und was sonst noch so herumläuft oder flattert in Wald und Flur) oder wenigstens tote Teile von ihnen, den Hundedarm reinigen kann und so auch gleich Wurmbefall vorbeugt oder heilt. Heiliger Bimbam. Wo kommt das her? Ich weiß es. Es kommt aus dem Netz. Wo man alles glaubt, was irgendwer erzählt, irgendjemand vormacht oder von irgendjemand empfohlen wird. Auch wenn's der Erzengel Michael war. Oder der Betreiber eines Hundebedarfshops, der die Sachen an die Frau (oder den Mann) bringen will.

Allein über dieses leidige Thema könnte ich seitenlang schreiben, dazu reicht ein Kapitel gar nicht. Machen wir es kurz: Beutetiere sind Bandwurmträger, selbst die

Vorfahren des Hundes, die Wölfe, fraßen nur den Darminhalt, nicht den Mageninhalt und auch nicht das Fell. Schon gar nicht verschluckten sie freiwillig gegerbte Fellreste, auch tiefgefrorene nicht. (Wölfe sind keine Idioten.)

Die neueste Mode, dem Hund von heute ganze getrocknete oder mit irgendwas konservierte Hirschbeine inklusive Huf daran hinzuknallen und ihn daran knabbern oder das Ding fressen zu lassen wird viele Tierärzte freuen, denn sie werden dadurch sehr reich. Darmoperationen sind aufwendig und kostenintensiv, ebenso die Nachbetreuung in der Tierklinik.

Nicht zu vergessen die Würmer, gegen die angeblich nicht nur das Fell, sondern auch eine Bernsteinkette schützt (aber nur wenn Sie vorher dreimal verkehrt bei Vollmond übers Feuer gesprungen sind!) werden sich totlachen. Ich würde auch lachen, wenn's nicht so traurig wäre für die betroffenen Hunde. Womit wir beim Mythos der durch das Abschlucken der Fellteile angeblich stattfindenden „Darmreinigung" wären. Wir finden uns auch hier im tiefsten Mittelalter wieder; den Darm sanieren, das boomt wie nie zuvor (nach Aderlass und Detox), und macht auch leider keinesfalls vor dem Hund halt. Denn wie die meisten wissen, Gesundheit beginnt im Darm. Auch beim Menschen. Was ja stimmt. Vor allem trifft das auf die Hochsensiblen unter uns zu, die ja mit vielen Nahrungsmitteln ein Problem haben.

Aber nicht, weil der Darm womit auch immer „entgiftet" wurde, sondern schlicht und einfach, weil im Darm das Zentrum des Immunsystems sitzt, welches man unterstützen sollte, um Abwehrkräfte gegen Krankheiten zu entwickeln. 70 % aller Immunzellen befinden sich im Dünn- und Dickdarm; knapp 80 % aller Abwehrreaktionen laufen hier ab. Das macht den Darm zu einem großartigen Wächter unseres Immunsystems. Ist der Darm gesund, sind wir besser gegen viele verschiedene Krankheiten gefeit. Damit kommen wir zum springenden Punkt der Geschichte:

Den Darm in irgendeiner Form zu „entgiften" ist unmöglich!

Der Darm entgiftet selbst, das ist seine Aufgabe, indem er wertvolle und brauchbare Substanzen aus der ihm zugeführten Nahrung entzieht und verwertet, denn giftiges wurde bereits durch Leber und Nieren „entgiftet".

Von ganz alleine.

Welch ein Wunder, in der Tat. Nebenbei völlig gratis. Gelangt der Speisebrei vom Magen in den Dünndarm, wird er dort in seine Einzelbestandteile wie Wasser und andere Flüssigkeiten, Amino-, und Fettsäuren, Vitamine und Zucker zerlegt, diese werden über die Darmschleimhaut aufgenommen und ins Blut weitergegeben. Erst dann ist die Nahrung verwertbar. Der Dickdarm spielt für das Immunsystem eine noch größere Rolle als der Dünndarm, denn neben der Darmflora beherbergt er Lymphfollikel. (Lymphfollikel sind ganze Kolonien von Lymphozyten, deren Hauptaufgabe darin besteht, Viren und Bakterien zu erkennen und zu eliminieren - etwa durch die Produktion von Antikörpern.)

Der Darm tut also von selbst was er kann um den tierischen (und den menschlichen) Organismus zu entgiften. Man kann ihn weder durch irgendetwas „entgiften", noch darin befindliche Würmer mit Haaren erschrecken. Was man tun kann, ist die Darmflora gesund und aufrecht zu erhalten, die durch eine Antibiotikagabe zerstört wird oder durch Stress aus dem Gleichgewicht gebracht wird. Dies funktioniert durch die tägliche Gabe von Naturjoghurt, im Fall laktoseempfindlicher Tiere mittels laktosefreiem Naturjoghurt, in welches man Probiotika (rezeptfrei in jeder Apotheke erhältlich) mischt. Was der Darm hingegen nicht kann, ist feststeckende Teile wie

Knochen, Bezoare oder sonstige Fremdkörper selbst zu beseitigen. Die holt dann der Tierarzt wieder heraus, mit dem Skalpell. Und selbst wenn Sie feststellten, dass der Hund nach so einem Unfall mit einem verschluckten Teil Kot absetzt, oft als sehr dünnflüssigen Durchfall, bedeutet das nicht, dass er keinen lebensbedrohenden Darmverschluss hat! Denn ganz dünnflüssiger Kot geht auch beim Verschluss durch. Und das macht die Sache so gefährlich. Der Hundebesitzer denkt, der Hund hat „nur" starken Durchfall, dabei steht der Tod schon vor der Türe und klopft leise an.

Besonders unsere hochsensiblen Hunde reagieren empfindlich auf solche Gewaltakte menschlichen Wahnsinns und gerade die müssen dann unters Skalpell oder verenden qualvoll an Darmverschlüssen, wenn man das Übel nicht rechtzeitig entdeckt.

Das müsste nicht sein!

Im Sinne der Hunde: tun Sie es nicht.

„Wir müssen das Vertrauen und die Freundschaft unseres Hundes nicht erwerben, er wurde als unser Freund geboren."

-Maurice Maeterlinck-

AROMATHERAPIE BEDEUTET TIERQUAL

Duftkerzen, Duftöllampen und Räucherstäbchen
verpesten im Winter die überhitzte Luft, dass sich die
Tapeten von den Wänden schälen. Manche Menschen
finden das ja schön. Tiere hingegen finden das mit
Sicherheit niemals schön!
Katzen ekelt es vor Zitrusduft, Hunde mögen ihn
genauso wenig. Dennoch werden Wohnzimmer
flächendeckend mit Duftschwaden überlagert. Auch
Autos. Büros sowieso.

Hochsensible Menschen reagieren besonders sensibel auf Gerüche und bekommen sogar Atemnot, wenn sie länger diesen Duftquellen, egal ob Kerze oder Öl, ausgesetzt sind. Sie husten, ihre Augen brennen und sie zeigen Vergiftungserscheinungen. Ausschläge oder Lidbindehautreizungen sind dabei nur das geringste Übel. So und noch schlimmer ergeht es hochsensiblen Hunden!

Diese Düfte sind toxisch. Sogar krebserregend!

Anscheinend will man das nicht wahrhaben, egal wer oder wie oft man davon berichtet. Duftöle sind nachweislich giftig für Mensch und Tier, dennoch verwendet man sie allgegenwärtig.

Traurig, dass man darüber überhaupt schreiben muss. Noch trauriger, dass man damit wieder auf Kosten der Tiere Geld scheffelt. Und nicht zu knapp. Denn Heilerinnen und selbstgestrickte Aromatherapeuten fluten das Netz, als gäbe es kein Morgen. Schauderhaft, dass man ernsthaft erklärt, man könne Tiere beispielsweise von ihrer Angst oder ihrer Panik mit Duftölen „heilen"! Aromatherapie für Hunde, echt jetzt? Ausgerechnet für das Lebewesen Hund, das ohnehin schon hochsensibel auf jeden Geruch reagiert und hochempfindliche extreme Reaktionen darauf zeigt, seien es Allergien, Vergiftungserscheinungen oder Juckreiz? „Krankheiten" will also irgendeine selbsternannte XY-Kräuterhexe oder gerne auch ein selbstgefälliger Waldschrat mit Kräutern „heilen" können? Die doch erst dadurch entstehen? Da bleibt einem doch die Spucke weg! Aber dennoch finden viele Hundebesitzer Gefallen daran, ihren Hund mit Räucherstäbchen oder Duftölen zu malträtieren und systematisch krank zu machen. Gerne auch mit ohnehin als giftig deklarierten Kräutern. Spielt gar keine Rolle. Die Ausreden sind mannigfaltig und das Statement immer gleich: die Naturheilkunde ist ja so viel gesünder als die Schulmedizin. Atropa Belladonna macht gleicht tot wie Taxus Baccata, liebe Kräuterexperten. Gerade am Hund, der nicht mal ausreichend auf schulmedizinische Präparate erforscht und getestet wurde, wird mehr als sorglos herumexperimentiert, ausprobiert und empfohlen sowieso. Das fängt bei tödlichen Inhalationen an und hört bei der Eingabe von giftigen Gewächsen aus der freien Wildbahn auf. Oftmals geben tiermedizinisch völlig inkompetente Menschen ihre selbsterdachten Kräuerfibeln als Buch heraus, in denen sie diverse Anwendungen hochgiftiger Substanzen als harmlose Naturheilkunde anpreisen.

Man braucht nur gelegentlich die Bewertungen aktueller Kräuterheilbücher auf Amazon zu durchstöbern. Schon wird klar: da und dort macht sich mal wieder jemand wichtig auf Kosten unschuldiger, wehrloser Tiere. Um noch einmal kurz auf die Aromatherapie zurückzukommen: durch die schwankenden und für den Tierbesitzer schwer oder gar nicht zu beurteilenden Inhaltsstoffe in diversen „heilenden" Kräutermischungen ist deren Anwendung, genau wie die Verwendung von Duftölen, ein unkalkulierbares Risiko für Hunde und aus Tierschutzgründen strikt abzulehnen!

Selbst wenn es im Einzelfall nicht zu sichtbaren Vergiftungserscheinungen kommt, können Langzeitfolgen insbesondere nach wiederholter Anwendung nicht hundertprozentig ausgeschlossen werden. Gerade hochsensible Hunde reagieren mit schweren Allergien. Und dann fragt sich der Besitzer: Woher kommt das? Wieso ist mein Tier so krank? Zusätzlich liest man Sätze wie diese: *„Das Tier soll sich doch selbst aussuchen, welches Öl es für seine Heilung von XY bevorzugt!"*, oder *„Ich habe damit jahrelang Angsthunden geholfen!"*- im Ernst? Menschen gehen zu Personen, die so etwas auch noch öffentlich ins Netz stellen? Mündige, erwachsene Menschen, die

Verantwortung für ein Lebewesen tragen sollten? Mich schaudert. Und ich verstehe, weshalb die Zahl der allergiekranken Tiere im Winter ansteigt. Weil diese armen Tiere dieser unendlichen Qual giftiger Dämpfe Tag und Nacht bewusst oder unbewusst ausgesetzt sind.

Ich verstehe hingegen nicht, warum man nicht endlich diese "Aromaexperten" unter Berufsverbot stellt.

In Österreich ist beispielsweise der Beruf der Tierheilpraktiker verboten, er fällt unter „Quacksalberei".

Dies hier ist noch viel schlimmer.

Es fällt unter Tierquälerei.

Aber niemand scheint das zu stören. Und wenn Sie jemals ganz genau Ihre Freundeslisten in Facebook durchforstet hätten, würden Sie sich wundern, wie viele Ihrer vermeintlichen Tierfreunde sich in diversen Tierheilerforen aufhalten oder „Aromatherapie für kranke Hunde" mit einem „Gefällt mir" gekennzeichnet haben.

ÜBER DIE SEELE DER HUNDE

Vorweg bin ich derjenige, der sofort in die Bresche springt, wenn es darum geht gegen Engelsrufer, Aura-Leser und Seelenkommunikatoren zu wettern. Ich glaube nicht, dass es irgendjemand möglich ist mit toten oder lebenden Seelen gegen Bezahlung Kontakt aufzunehmen um mit ihnen zu plaudern.

Sucht man unter „Seelen/ Hunde" im Netz, findet man zuerst einmal haufenweise Seiten über Trainerinnen mit Internetdiplom, die zu Wahnsinnspreisen ihre Coaching-Dienste anbieten, um verzweifelten Hundehaltern Dinge wie „Sicherheit und Vertrauen, Unsicherheit, Angst und Aggression, Jagdverhalten, Motivation und Beschäftigung, Rang und Dominanz" beizubringen. Gegen sehr viel Geld, versteht sich! Danach folgen gleich die Hardcore- Seelengurus, die sich telepathisch mit den Seelen verstorbener und entlaufener Tiere verbinden können. Gegen noch mehr Geld, versteht sich ebenso. Ganz furchtbar, wie da mit dem Kummer der Menschen Missbrauch betrieben wird! Statt sich um die lebenden Tiere zu kümmern, versucht man offenbar lieber mit verstorbenen Seelen Kontakt aufzunehmen. Wozu? Ich finde keine Antwort.

Statt dubiose Seelenflüsterer zu sponsern sollten wir uns lieber bemühen, wenigstens ansatzweise so zu werden wie unsere Hunde. Nämlich fair, treu und loyal. Dann gäbe es weder Krieg noch Hass noch Habgier auf der Welt. Schöne Welt, böse Leut'? Es liegt doch nur an uns, das zu ändern. Es liegt an Ihnen. Es liegt an dir.

Ich glaube fest an die Existenz der unsterblichen Tierseele, weil „Energie nicht verloren geht", wie der Energieerhaltungssatz der Physik beweist. Sie kann immer nur von einer Form in eine andere umgewandelt werden, somit existiert, was den Hund (und den Menschen) wirklich ausmacht, auch post mortem weiter als universeller Quantencode, in den die gesamte lebende und tote Materie eingebunden ist. Wenn ich aber über den Sterbevorgang Sätze lese wie: *„Während der einzelnen Übergänge in die nächste Phase (den Tod) werden die damit verbundenen Körperbewegungen oftmals mit Schmerzen in Verbindung gebracht. Dies ist jedoch unrichtig. Der Körper bewegt sich nur noch im Zuge der sich herausziehenden Seelenenergie."*, wird mir übel. Die Seele muss sich weder winden noch ziehen wenn der Körper stirbt. Sie existiert einfach weiter und hält sich weder damit auf, Muskeln zucken zu lassen noch mit Schamanen oder Hexen zu parlieren. Der tote

Körper bewegt sich aufgrund unwillkürlicher
Muskelkontraktionen und weil sich die Darmbakterien
sofort hemmungslos vermehren. Dreißig Sekunden
nach dem letzten Herzschlag stellt das Gehirn aufgrund
Sauerstoffmangels in der Regel alle Funktionen ein.
Zehn weitere Minuten später ohne Herzschlag kommt es
zu irreversiblen Hirnschäden. Aber was passiert genau
da dazwischen, in dieser Zeit zwischen Leben und Tod?
Dieser Frage widmete sich Sam Parnia, der die
umfangreichste und aufwendigste Echtfallstudie über
Wiederbelebung in der Geschichte der Medizin leitete.
Die Ergebnisse der sogenannten AWARE-Study
(AWAreness during REsuscitation, also Bewusstsein
während der Wiederbelebung) zeigten, dass die
Nahtoderlebnisse und die Erinnerungen der
Überlebenden eines Herzstillstands über das eigene
Sterben teilweise ganz konkret und sogar überprüfbar
waren. Es gelang also endlich der Beweis dafür, dass
unser Unterbewusstsein noch lange nach dem letzten
Herzschlag aktiv ist. Zudem deckten Nahtodforscher der
University of Michigan in einer anderen Studie auf, dass
das Gehirn kurz nach einem Herzstillstand wesentlich
aktiver ist als bisher angenommen. „Wir erwarteten bei
den untersuchten sterbenden Gehirnen keinerlei

Aktivität. Stattdessen blickten wir auf ein neuronales Feuerwerk", sagt Prof. Dr. Jimo Borjigin. Das wiederum könnte auch die Nahtoderfahrungen von Parnias Patienten erklären. Alles andere aber ist Scharlatanerie und gefährlicher Humbug, um trauernden Menschen das Geld das der Tasche zu ziehen. Denn bereits zehn bis zwanzig Minuten nach dem Tod des Gehirns beginnt die Verwesung des Körpers auf Raten. Weitere zehn bis zwanzig Minuten später sterben die Zellen von Herz, Leber und Lunge ab, nach ein bis zwei Stunden setzen auch die Nieren aus, nur der Magen-Darm-Trakt arbeitet weiterhin. Denn dort befinden sich die Fäulnisgase der Darmbakterien während überall sonst bereits die Muskeln erschlaffen, sich die Blase entleert und die Augen starr und trüb werden. Durch die Übersäuerung verzahnen sich die Muskelfasern, was die Leichenstarre bewirkt. Der Körper wird kalt, Blut folgt der Schwerkraft, Leichenflecken werden sichtbar. Nach vierundzwanzig weiteren Stunden stellen auch Magen und Darm ihre Arbeit ein. All diese Vorgänge des Todes lösen die Bewegungen des toten Körpers aus.

Die Seele aber hat damit nichts, rein gar nichts zu tun!

Fahrlässig, einer toten, im Augenblick des Todes bereits im Verwesungs- und Fäulniszustand stehenden körperlichen Hülle, eine Bewegung der Seele zusprechen zu wollen. Wem fällt so etwas ein? Dennoch glauben das viele Menschen. Weil sie gerne an ein Leben nach dem Tod glauben wollen, damit die Trauer kleiner wird und es Hoffnung auf ein Leben danach gibt. Sehr viele Menschen glauben hingegen nicht einmal daran, dass auch Hunde eine Seele haben. Das macht traurig.

Die Seele der Hunde findet man bereits zu Lebzeiten in ihren Augen. Diese Blicke, die uns direkt ins Herz schauen können. Es fällt nicht nur mir auf, dass es die besonders hochsensiblen Hunde und ihre unsterbliche Seele wirklich gibt. Es sind die nicht so zähen, hochsensiblen Tiere, die es auch nicht schaffen jahrelang dem Tierheimleben standzuhalten. „Es fängt oft damit an, dass sie ihr Futter einfach stehen lassen. Sie magern ab und zum Schluss bleibt nur noch dieser "Blick" mit einer unendlichen Leere. Sie resignieren, sie geben auf. Und oft genug liegen sie dann irgendwann tot in ihren Zwingern, ohne Anzeichen einer offensichtlichen Todesursache. Ihr Herz hört einfach auf zu schlagen. Die Sehnsucht nach menschlicher Zuwendung blieb unerfüllt." (Angelina Colakoglu, www.notfelle-ev.de, über den Hund „Derek") Hunde, deren Seele so durch Leid und Einsamkeit zerstört wurde, dass sie nicht mehr können und auch nicht mehr wollen. Unerwünscht, misshandelt, ungeliebt. Genau dort findet man sie, die Seele der Hunde. Nicht in irgendwelchen Sphären. So etwas Großes lässt sich nicht von irgendwelchen Tierkommunikator-Tanten per Mausklick ab 80 Euro ins Wohnzimmer rufen um Leid oder vermeintliche Erlösung zu besprechen.

Lebe in der Gegenwart. Öffne deine Augen, spitze deine Ohren! Hör auf dein Herz, fühle, was dein Hund von dir braucht!

Spüren, wenn der andere etwas braucht oder erwartet und darauf reagieren, eins werden mit dem besten Freund, genau das bedeutet es, hochsensibel Mensch zu sein. Hunde sind unsere besten Freunde. Freundschaft ist immer ein interaktiver Prozess: beide Seiten bekommen, was sie brauchen. Manipulativ hingegen ist das Machtspiel der dominanten Hundeführer, die ihr „Ich bin Gott"-Spiel auf Kosten der Gesundheit und der heilen Seele der Tiere inszenieren und ihre loyalen Anhänger ihre apokalyptischen Visionen ausführen lassen.

Genau wie die Seelenkommunikatoren, liefern beide nur eine Show. Doch die Anhänger merken nichts. Selbst glauben die Gurus sicher nicht, was sie predigen, aber da es medienwirksam ist und diese Menschen meist gerne in der Öffentlichkeit stehen, ist ihnen der Preis egal. Der Preis ist hoch, sind es doch Hundeleben, die zu Schaden kommen.

Darum bitte ich Sie, prüfen Sie ganz genau nach, wem Sie vertrauen.

Was immer Sie irgendwo gelernt haben: überprüfen Sie es. Was immer Sie gehört oder gesehen haben: überprüfen Sie es.

Wer immer Ihnen weismachen will, dass Ihr Hund keine Seele hat oder irgendeine Prozedur durchlaufen soll: überprüfen Sie es!

Selbst wenn der beste Tierarzt der Welt Ihnen freundlich erklärt, Sie müssten sich Ihrem Hund gegenüber dominant verhalten: überdenken Sie es.

Schauen Sie nach, was im Futter wirklich drin ist, was in der Spritze drin ist, was in den Tabletten drin ist.

Kontrollieren Sie, wem Sie Ihren Hund anvertrauen, und sei es auch nur stundenweise.

Freuen Sie sich, dass Ihr Hund an Ihnen hochspringt, wenn Sie nach Hause kommen, anstatt ihm eins überzuziehen, wenn er dabei die Hose zerreißt. Oder die Türe zerkratzt. Was ist eine Hose wert! Was ist eine Türe wert!

Seien Sie froh und dankbar, dass er frisst und es ihm schmeckt, anstatt ihm den Futternapf mitten unter dem Fressen wegzureißen, wenn er sein Essen nicht mit Ihnen teilen will und es durch Knurren kundtut. Nichts gibt Ihnen das Recht dazu! Er verteidigt nur seine lebenswichtigen Ressourcen, so wie er auch im Ernstfall Ihr Leben verteidigen wird. Und Sie fallen ihm in den Rücken. Weil dann kommt meist: „Aber er muss sich alles wegnehmen lassen, weil ich der Rudelführer bin! Das ist wichtig, falls er mal Gift frisst!" Falls er mal Gift frisst, lieber Zweibeiner, sind Sie erstens entweder schnell genug da, um ihm den Köder aus dem Maul zur reißen. Denn da reicht der Überraschungsmoment und Ihr Adrenalin um das zu tun. Ein Hund mit Beute im Maul, die er grad schlucken will kann ohnehin nicht beißen. Er hat ja den Mund voll. Und zweitens muss er sich nichts wegnehmen lassen. Er gibt es Ihnen freiwillig oder gar nicht. Das ist sein gutes Recht. Sonst wär er ja ein Trottel, kein kluges Tier und hätte zudem Null Überlebenschancen in freier Wildbahn. Und wer will schon einen Trottel als Freund?

Es sind stets die Kleinigkeiten, die unser Leben mit Freude bereichern, nicht die ganz große Show. Eine Begrüßung des geliebten Hundes, der schon sehnlichst auf seinen heimkehrenden Menschen wartet und seine Freude und Liebe zeigt, gehört da dazu. Soll er ein Schild hochhalten auf dem steht „Herzlich Willkommen, Meister!", anstatt an uns hochzuspringen?

Es sieht fast so aus, als würde man das von Hunden bereits erwarten. Mögen Sie keine stürmischen Begrüßungsszenarien sollten Sie sich vielleicht Nordischen Hunderassen zuwenden. Ein Heimkommen wird gerne mal mit einem halben Schwanzwedler quittiert. Der Hund nimmt freudig zur Kenntnis, dass man wieder da ist. Mehr nicht. Das muss dann reichen als Liebesbeweis!

Aber ob stürmisch oder zurückhaltend, nichts kann so schnell und nachhaltig verletzt werden wie die Seele eines hochsensiblen Hundes.

Dies zu vermeiden oder zu verhindern sollte Ihr Antrieb sein, solange Ihr Hund lebt.

Es liegt nur an uns, die uns entgegengebrachte Herzensgüte der Spezies Hund in jeder erdenklichen Art zu erwidern.

Anstatt ihr auch noch ganz gezielt direkt mit der Faust ins Gesicht zu schlagen.

Oder mit einem feigen „Trittchen" hinterrücks in die Flanken zu dreschen.

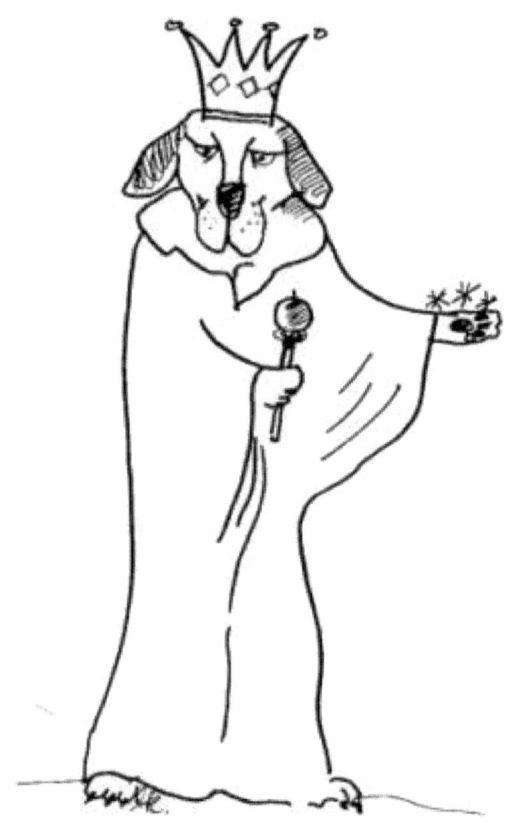

MANGELNDE AUFMERKSAMKEIT BEIM HUND

Wenn Sie jetzt eine Abhandlung über fehlende Leinenführigkeit unfolgsamer Hunde erwarten muss ich Sie enttäuschen. Es geht um die Aufmerksamkeit des Hundes. Nicht was Sie denken! Es handelt sich keineswegs um unaufmerksame Hunde. Hunde sind immer aufmerksam. Der Unaufmerksame in der Geschichte ist der Mensch, der zu dem Hund gehört. Neulich parkte ich direkt neben einer Riesenbaustelle, saß im Auto und trank entspannt Kaffee aus einem Pappbecher, meinen Hund neben mir, aufmerksam wie immer. Seinen Wolfsaugen entgeht nichts, nicht mal der Schatten eines vorbeihuschenden Hundes im hohen Gras in weiter Ferne. Er entdeckte ihn zuerst, den Mann mit seinem Beagle, der in einiger Entfernung von unserem Auto direkt vor der großen Baustelle stand und interessiert dem Baustellentreiben zuschaute. Warum ich das wusste? Weil ich, im Gegensatz zu dem Mann, meinen Hund immer sehr genau im Auge habe. Ich bin stets aufmerksam, wenn wir gemeinsam unterwegs sind. Er dreht den Kopf, ich drehe ihn auch. Er fixiert das Eichkätzchen, ich sehe es auch. Und umgekehrt. Mein

Hund mag das. Er fühlt sich sicher, wenn ich aus dem Auto aussteige, bevor er herausspringen darf, und demonstrativ das Auto umrunde, dabei so tue, als würde ich nach drohenden Gefahren (Hunde, LKW, Postboten, Müllmänner oder Kinder) Ausschau halten um das Gebiet für ihn zu sichern. Dann kann er entspannt aussteigen, denn ich habe ja bereits für ihn und in seinem Sinn festgestellt, dass alles in Ordnung ist!

Der Beagle stand also angeleint neben dem Mann und fing zu zappeln und an der kurzen Leine zu zerren an. Der Mann bemerkte nichts davon, er beobachtete weiter gebannt die Arbeiter auf dem Gerüst, die Betonsäcke schleppten und herumhämmerten, sich Sätze zuschrien und eifrig am Werk waren. Der Hund hingegen riss ständig seinen Kopf nach oben, denn er hatte nur den riesigen Kran im Auge, der ober unser aller Häupter in der Luft herumschwenkte. Am Kran hingen einige massive Betonblöcke. Der Mann bemerkte nichts davon, obwohl sein Hund die ganze Zeit den Kran über ihnen fixierte und Angst bekam. Der Mann sah den Kran immer noch nicht, obwohl die Betonblöcke schon ziemlich drohend genau zehn Meter oberhalb seines Kopfes herumwirbelten. Er spürte irgendwann endlich, dass sein Hund an der Leine (natürlich am Halsband, statt am

Brustgeschirr) heftiger herumzappelte, bellte und von dort weg wollte. Fast wäre er durchs Halsband geschlüpft, ich sah mich schon auf die Straße springen und ihn einfangen. Denn anstatt den Kopf zu heben und in die gleiche Richtung wie sein Hund zu schauen, zerrte der Mann an der Leine herum ohne das Leiseste mitzubekommen, schimpfte mit seinem Hund und schaute dann wieder gebannt den Arbeitern zu. Anstatt endlich weiterzugehen, weil sich sein Hund sichtlich unbehaglich und bedroht fühlte. Mein Hund hatte zu diesem Zeitpunkt beides im Auge, den anderen Hund und den Kran. Er entschied sich dafür, dass der andere Hund interessanter wäre als der Kran (zu leise um verbellenswert zu sein).

Hunde sind immer aufmerksam, Menschen meistens nicht. Hunde versuchen es ihren Menschen recht zu machen, wo sie nur können; wären die Betonblöcke vom Kran gefallen, hätten sie Mann und Hund unter sich begraben. Hätte der Mann seinen Hund aufmerksam beobachtet und sich gefragt, warum der Hund bellt und zappelt, hätte er in die gleiche Richtung wie sein Hund geschaut, nämlich nach oben und wären beide ein paar Schritte weitergegangen nachdem der Hund die Gefahr meldete, hätten sie diesen Unfall überlebt.

Mangelnde Aufmerksamkeit im Alltag ist der häufigste Grund für Unfälle im Haushalt und auf der Straße. Hunde sind nie unaufmerksam, was sie tun, tun sie konzentriert und gründlich. Haben Sie schon einmal gesehen, wie es Hunde reißt, die harmlos am Weg knapp neben einer vielbefahrenen Straße angeleint mit ihren Menschen spazieren gehen und ein Auto fährt plötzlich langsam an ihnen vorbei, in dem ein Hund lautstark bellt?

Ich beobachte das jeden Tag. Wir sind so ein bellendes Auto. Wir fahren an Hunden vorbei, die es reißt und ich bemerke dabei vier Kategorien von Hunden und Menschen.

Die, deren Menschen uns zwar nicht bellen hören, die es aber ebenfalls reißt, weil sie ihren Hund aufmerksam beobachten und die dann instinktiv in die gleiche Richtung schauen wie ihr erschrockener Hund. Dann bemerken sie unser bellendes Auto und lachen.

Und die anderen Menschen, die uns auch nicht hören können, die aber ihrem erschrockenen Hund, der von uns verbal aus dem vorbeifahrenden Auto (also quasi aus dem Nichts) attackiert wurde, eins überziehen, weil er, für sie völlig grundlos, in die Leine springt oder erschrickt. Die lachen naturgemäß nicht, weil sie uns ja gar nicht bemerkt haben und bei dieser Sorte Hundeführer hat auch der Hund sicher nichts zu lachen. Und dann gibt es noch die dritte Sorte, deren Hund es zwar auch reißt, der dann aber genau in der Sekunde aufmerksam seinen Menschen anschaut und auf die menschliche Reaktion wartet. Da die Menschen unser Gebell durch die geschlossenen Autofenster meist nicht hören, passiert in dem Fall gar nichts und beide gehen entspannt weiter. Die vierte Sorte ist fast die Schlimmste: dazu zählen unangeleinte Hunde, die sich erschrecken und in das bellende Auto springen würden, und zwar ohne dass sie abrufbar wären oder ohne, dass es ihr irgendwo weiter weg gehender Mensch überhaupt bemerkt.

Ein Spaziergang mit einem Hund verlangt von dem, der die Leine in der Hand hält, ein Maximum an Aufmerksamkeit, aus Respekt gegenüber seinem Hund, der ja an der Leine dazu gezwungen ist, in die vorgegebene Richtung zu gehen, ob er will oder nicht und auch aus Respekt anderen Menschen und Verkehrsteilnehmern gegenüber. Das ungeschriebene Gesetz unter Hundehaltern, seinen Hund sofort anzuleinen, falls einem ein angeleinter Hund entgegenkommt, wird leider oft ignoriert. Beissereien und Tierarztkosten könnten sehr leicht vermieden werden, wären Menschen aufmerksamer und einsichtiger. Stattdessen schreien sie bloß: "Der tut nix!". Ja, ihrer vielleicht nicht. Aber schon mal dran gedacht, dass der andere, der angeleinte Hund, vielleicht nicht ganz so höflich ist wie der eigene, der "eh nix macht"? Interessanterweise verbellt mein kluger Hund nie Hunde mit Handicaps: er erkennt offensichtlich, dass etwas nicht stimmt und schaut leise durchs Autofenster, aufmerksam, aber ohne zu bellen. Dies tut er bei Hunden mit Halskrause, bei sehr alten Hunden, die sich mühsam dahinschleppen oder bei Hunden, die hinken und einen Verband tragen. Auch liegende Hunde sind nicht verbellenswert. Das ist auch nicht abhängig von der Größe der gesichteten Hunde oder seiner Tagesverfassung, da er immer in Laune ist, Hunde aus dem Auto anzupöbeln. Wenn ich schlecht gelaunt bin, pöbelt er lauter, singe ich fröhlich vor mich hin, stänkert er leiser.

Und das, liebe Leser, ist mit ein Grund, warum manche Hunde die sogenannte Leinenaggression entwickeln. Irgendetwas erschreckt den Hund furchtbar, er ist angeleint und kann nicht das Weite suchen und der Mensch hat es nicht mal bemerkt. Schlimmstenfalls hat der Hund dafür auch noch ein ach so "harmloses" Trittchen a la Cesar's way bekommen.

Mangelnde Aufmerksamkeit ist ein Übel unserer schnelllebigen Zeit. Es führt dazu, dass man ganz offensichtliche Dinge, die einem direkt vor der Nase herumtanzen, nicht bemerkt und dadurch versäumt. Mangelnde Aufmerksamkeit seinem Vierbeiner gegenüber führt dazu, dass Welpen jede Kleinigkeit vom Boden aufnehmen und verschlucken, ohne dass es Hundehalter überhaupt mitbekommen. Es führt dazu, dass sich Hunde in Flexileinen verwirren und verletzen, ein halb offenes Brustgeschirr anhaben und entlaufen, unbeobachtet aus dem Auto herausspringen können, quer über die Fahrbahn laufen, weil es niemand rechtzeitig bemerkt und sich darum kümmert oder sich verletzen, ohne dass es weiter auffällt. Unaufmerksame Menschen lassen für Hunde giftige Schokolade offen herumliegen, sie bemerken nicht, wenn sich Röhrenknochen im Futter befinden, sie übersehen Ohrenentzündungen und eingetretene Dornen in Pfotenballen. Und schon gar nicht bemerken sie die Bedürfnisse hochsensibler Tiere. Weder ihr Unwohlsein, noch ihre Bedrängnis in bestimmten Situationen.

Es sind auch hier genau wieder die bereits erwähnten Kleinigkeiten die glücklich machen, nicht die ganz großen Dinge. Wie ein schönes Lob von der lieben Leserin und dem geschätzten Leser, oder ein tiefenentspannter Hund, der seinem Menschen total vertraut und ihm damit automatisch die Führerrolle zu Füssen legt. (Und der dafür die hundertprozentige menschliche Aufmerksamkeit seines Zweibeiners verdient hat!)

Ganz ohne Gewalt. Sondern aus purer Liebe.

Warum das ganz besonders bei hochsensiblen Hunden von entscheidender Bedeutung ist? Hochsensible Hunde brauchen mehr Anerkennung, mehr Zuwendung und viel mehr Liebe als normale Vierbeiner.

Genau wie hochsensible Menschen, definieren sie ihr Leben erst durch die Wertschätzung und Anerkennung ihrer erbrachten Leistung durch ihnen nahestehende, vertraute Personen. Jemand, dessen geistiges Wohlbefinden und dessen körperliche Gesundheit so ganz besonders abhängig ist vom wohlwollenden Verhalten seines Gegenübers, kann nur durch Lob glücklich und gesund bleiben, niemals aber durch harte Strafen oder fehlende Zuneigung.

WARUM HUNDE TRETEN, WENN AUCH REDEN GEHT?

Ich höre schon den Aufschrei. Wenn die ewige Anhängerschaft des mexikanischen Stehaufmännchens jetzt gleich in die Bresche springt, um ihren Anführer zu verteidigen, gegen Tierärzte wie mich beispielsweise. Denn ich habe mich immer gegen die brutalen Machomethoden des selbsternannten Rudelführers und Herrschers der Flüsterwelt ausgesprochen und werde es auch weiterhin tun. Auch in diesem Buch, ob es ihnen gefällt oder nicht. Anscheinend sind die Ängste der Unbelehrbaren riesengroß, so groß, dass sie nicht mal einem Tierarzt Glauben schenken wollen, wenn er aufklärt, dass die geflüsterten Trainingsmethoden keinesfalls harmlose Kicks, sondern waschechte Tritte in die empfindlichen Weichteile darstellen. Hunde verstehen unsere Worte! Man muss ihnen nicht Gewalt antun, um ihnen Dinge beizubringen, denn sie befreifen auch so ganz genau, was man von ihnen möchte. Hunde wollen Menschen gefallen. Wenn man ihnen klarmacht (ganz ohne Alphagedöns), was man von ihnen erwartet, und zwar so, dass sie es auch verstehen können, dann tun sie es auch. Hunde sind keine Idioten.

Hunde können laut der neuesten wissenschaftlichen Studie menschliche Worte verstehen. Und zwar jedes einzelne Wort, egal ob es freundlich betont wird oder aggressiv dahergebrüllt ist. Sie verstehen uns, auf haargenau die gleiche Art und Weise wie auch Menschen Worte verstehen. Nachweislich mittels MRT in einer brandneuen Studie veröffentlichte Ergebnisse sollten eigentlich die ärgsten Zweifler verstummen lassen.

„Hunde haben die Fähigkeit, einzelne Wörter voneinander zu unterscheiden - und auch die Intonation, die Satzmelodie, bewusst und unabhängig von den Wörtern wahrzunehmen. Und zwar tun sie das mit ähnlichen Hirnregionen wie die Menschen. Das zeigten Untersuchungen in einem Magnetresonanztomographen. Diese erstaunlichen Daten von einer Gruppe um Attila Andics von der Eötvös Loránd Universität in Budapest wurden jetzt im hochrangigen Fachmagazin Science veröffentlicht."

Die Zweifler verstummen trotzdem nicht. Die Zweifler glauben keinem Röntgenbild (könnte gefaked sein!), keinem tierärztlichen Attest (könnte gelogen sein!) und keinem Gericht (wo ist der Link/die Quelle zum Gerichtsurteil?). Wahrscheinlich glauben sie auch dieser neuen Studie nicht. Sie glauben, was sie in der Glotze sehen oder in der Prosa lesen („Du bist der Rudelführer!"). Menschen glauben immer nur genau das, was sie glauben wollen. Gegen Flüsterer ist kein Kraut gewachsen, sie sind so unausrottbar wie das hartnäckigste Unkraut irgendwo in Mexiko zwischen Kakteen und nirgendwo. Jaja, ich weiß, Mister M. lebt jetzt in Amerika. Wo er seine tollen Methoden tagein tagaus im Fernsehen zeigen darf, weil das die Einschaltquote ungemein erhöht. Leider läuft die Hundeflüsterer-Saga auch in Europa immer wieder in Endlosschleife auf irgendeinem Kanal, um immer neue Anhänger zu rekrutieren. Tierärzte wie ich werden dann von Fans gerne als "Neider" oder Dorftrottel vom Land hingestellt. Weil ich ja offensichtlich nichts Besseres zu tun habe, als andauern darüber zu schreiben. Doch, das hätte ich, glauben Sie mir. Aber wegschauen hilft den Hunden nicht. Und offensichtlich bleiben uns Flüsterer und Co ewig erhalten.

Leidtragend sind allein die Hunde. Hier ein schönes Beispiel von Karin Büchel-Maissen, Vorsitzende des Vereins "Samojede in Not". Sie beschreibt die Geschichte ihres geretteten und "resozialisierten" Hundes Fes. Ganz ohne Gewalt und Prügel! Sie sprach mit Fes! Ich will mir nicht vorstellen, was passiert wäre, hätte sie die Flüstermethode bei diesem Hund angewandt. Der Hund ist jetzt ein ganz normaler sozialer Hund. Dank Karin. Die gottlob ein Mensch ist, der Hunde liebt. Nicht dank Tipps aus dem Fernseher von "Komm-auf-die-dunkle-Seite-der-Macht".

Millanistas kommen oft mit „Er resozialisiert sie!", oder „Sonst wären sie schon getötet worden!". Man kann Hunde auch so lange prügeln und treten, sie strangulieren und misshandeln oder zu Tode erschöpfen, bis sie aufgeben und sich nicht mehr wehren können. Das nennt man dann resozialisiert. Das will man? Wirklich? Das wollen Hundehalter, die sich als liebende Tierbesitzer ausgeben allen Ernstes? Hier nochmal die gesundheitlichen Konsequenzen für Hunde, die mittels Millan-Methoden traktiert und misshandelt werden, täglich und weltweit, überall. Ich erkläre jetzt die Methode aus veterinärmedizinischer Sicht.

Selbst wenn ich es schon X-Mal erklärt habe, man muss alles tausend Mal sagen, hundert Mal reicht nicht.

Zuerst wird empfohlen den Hund total zu erschöpfen (gerne indem man ihn mit Würgehalsband kilometerlang ganz knapp am Fahrrad nebenher rennen lässt, oder am Laufband befestigt rennen lässt, bis er niederbricht), dann ist er "ruhig und ausgeglichen". Die Folgen: von Überbelastung der gesamten Wirbelsäule und des gesamten Bewegungsapparates (Bandscheibenvorfälle, Bänderrisse, Zerrungen, Quetschungen, Prellungen, Frakturen, Muskelrisse, Verstauchungen) bis zu Kreislaufkollaps, Herzversagen und Tod ist alles drin. Man kann Hunde auch zu Tode erschöpfen. Junge Hunde kann man übertrainieren und überfordern, die noch im Wachstum befindlichen Organe werden in der Entwicklung schwer gestört und nachhaltig geschädigt. Gestört wird auch die Psyche. Große Hunde sind erst mit zwei Jahren ausgewachsen. Anschließend wird empfohlen, den Hund hart auf Gehorsam zu trainieren. Entweder mit der geballten "Dreifingermethode" (die Fingerstöße sollen „Hundebisse" imitieren) bei der man diese irgendwo, begleitet von lauten Zisch-, oder Drohlauten, mehrmals hart in den Hundehals stößt, und/oder gleichzeitig seitlich mit dem Fuß in die Weichteile (Becken, Bauch) tritt. Hundebisse nachmachen? Soll das ein Scherz sein? Leider kann man darüber keineswegs lachen. Der Typ meint das ernst. Selbst wenn es vergleichbar wäre: welcher Hund, der andauernd von seiner Hundefamilie „zurechtgebissen" wird, wäre noch geistig normal? Im

Zwinger nennt man das „Mobbing". Millan empfiehlt es. Die Folgen: Schäden der gesamten inneren Organe, Nierenblutungen, Milzrisse, Leberblutungen, Schäden an den Geschlechtsorganen, Blasenrupturen, Beckenknochen-, Wirbelsäulen-, Hintere Extremitäten-Frakturen oder Verstauchungen; das harmloseste sind Blutergüsse und Prellungen, die man dank Fell nicht sieht.

In weiterer Folge wird empfohlen, immer die Millan-Halsung zu benutzen, (gegebenenfalls Ketten- oder Stachelhalsband, falls man diese gerade nicht zur Hand hat), um den Hund an selbiger strangulierend durch die Luft zu wirbeln, hochzuheben oder wenigsten daran heftig und ruckartig zu zerren. Dieses Halsband besteht aus zwei verbunden Teilen, damit es nicht verrutscht, ist extra dünn und so konzipiert, dass es direkt hinter den Ohren anliegt und auf beide Karotiden sowie Parotiden und knapp über den Kehlkopf drückt. Es sperrt die Blutzufuhr zum Gehirn ab und nimmt dem Hund zusätzlich die Luft zum Atmen. Die Folgen: Erstickungsanfälle, hochgradige Sauerstoffunterversorgung, Ohnmacht, Herzrasen, Kehlkopfschäden, Schäden der Speiseröhre und der Lunge; Lungenemphysem, Lungenödem, Glaukom,

Augenaustritte, Angst- und Panikattacken, Todesangst. Genickbruch durch Strangulation. Gegen Herrn Millan laufen unzählige Anzeigen wegen Tierquälerei. All das reicht aber weder um ihn nicht mehr als Hunderetter zu verehren noch um ihm endgültig das Handwerk zu legen. Denn natürlich hat er längst ein Schlupfloch gefunden. Als der Fernsehsender SIXX aufgrund massiver Proteste den „Hundeflüsterer" nicht mehr ausstrahlte, fing man einfach an, das Format umzumodeln. Nun wirkt sein Sohn als Hunderetter mit, der ihm das Auftrittsrecht in Europa sichert. Hunde werden tastsächlich keine gerettet, aber das spielt überhaupt keine Rolle. Der Flüsterer steht wieder als Held da. Genau wie nach dem plötzlichen Tod eines Knochenbrecher-Gurus dessen Assistent sein Unwesen zum Leid der ohnehin schon kranken Kreaturen weiter betreibt. Um kranke Tiere noch kränker zu machen. Obwohl weder der verblichene Knochenguru noch sonst jemand, der in dieser Serie Hand an kranke Tiere legte, eine Ausbildung zum Tierarzt oder zum Osteopathen hatte. Man holte sogar medienwirksam hilflose niedliche Pandabären vom Baum um sie dem Wahnsinn eines Fleischermeisters auszusetzen. Das allein sollte eigentlich als Argument schon ausreichen. Natürlich ist das den Fans egal. Man findet weder die ausgestrahlten alten Beiträge befremdlich, noch die Methoden brutal oder tierschutzwidrig. Wieder hält man Röntgenbilder und Gutachten für gefaked.

Was für eine Welt! Was für ahnungslose Menschen! Oder soll ich eher sagen, was für unsensible, hochgradig psychopathisch veranlagte Zweibeiner? Ich werde gegen diverse Flüsterer und Heiler ankämpfen solange ich kann. Daran hindern mich weder Drohbriefe, unflätige E-Mail oder schlechte Buchbewertungen. Im Gegensatz zu den selbsternannten Flüsterern liebe ich Hunde.

Ich behandle sie als Partner und Freunde.

Mein Hund ist kein willenloser Sklave, der am besten rücklings bibbernd neben mir her kriecht, weil er sonst Angst haben muss, wieder einen „harmlosen Kick" in die Nieren zu bekommen oder bis zur Ohnmacht stranguliert zu werden, falls er nicht auf der Stelle meinem göttlichen Willen als allmächtiger Alpha-Herrscher gehorcht. Ich mute ihm auch keine Zerrung seiner Bänder, Gelenke oder Sehnen durch wildfremde Fernsehstars, die nichts gelernt haben, außer sich medienwirksam zu verkaufen, zu. Es ist nicht anzunehmen, dass die Hardcore-Fans zu bekehren sind. Trotzdem besteht Hoffnung, dass dank dieser neuen Studie wenigstens die noch nicht dem

hochansteckenden Flüstervirus zum Opfer gefallenen
Hundehalter rechtzeitig vor diesem Herrn gewarnt
werden konnten.

Es würde mich freuen.

Und viele Hunde vor Leid bewahren.

KASTRATION DES RÜDEN- DIE LÖSUNG FÜR ALLE PROBLEME?

Klappt es mal gerade nicht so mit der Kommunikation hochsensibler Hund- unsensibler Mensch, wird sofort eine Kastration angeraten. Und zwar von den meisten Tierärzten, sehr vielen Hundetrainern und allen anderen hundekundigen Experten sowieso. Ja, der Rüde macht gelegentlich ganz schön viel Arbeit. Auch der nicht hochsensible. Ist in der Umgebung eine läufige Hündin, kann es oft nervenzehrend für den Besitzer sein, wenn Pluto nachts heult, nicht mehr fressen mag, auf Jux und Gaude gehen will und nicht mehr abrufbar ist, weil er lieber der heißen Spur einer hitzigen Hündin folgt und aufs Pfeifen des Menschen dezent pfeift.

Dagegen kann man was tun, nämlich ihm die Hoden abschneiden lassen. Damit sind diese Probleme erledigt, weil das Testosteron fehlt. Der Sexualtrieb fällt weg, der Rüde wird zum „Onkel" und ab dem Zeitpunkt der Kastration lebten alle glücklich und zufrieden. Und wenn sie nicht gestorben sind, dann leben sie noch heute. Oder doch nicht?

Ganz so einfach ist es nicht.

Erstens ist die Kastration zwar eine Routineoperation, aber Narkose ist Narkose und ein gewisses Risiko (besonders bei alten, kränkelnden und fettleibigen Tieren) bei der Anästhesie bleibt immer bestehen. Aus diesem Grund müssen Menschen auch beim Tierarzt (gleich wie beim Menschenarzt) eine Einverständniserklärung unterschreiben, dass sie über das Narkoserisiko ihres Tieres ausreichend aufgeklärt wurden.

Zweitens werden damit nur Probleme, die hormongesteuert sind, beseitigt, wie eben die oben genannten. Der Volksglaube, dass die Kastration auch gleichzeitig eine Ruhigstellung des Rüden bewirkt, erweist sich aber als falsch. Kein Testosteron heißt weder weniger laufen, noch weniger bellen und schon gar nicht weniger an der Leine ziehen. Einige Hunde werden vielleicht von einer etwas schwerfälligeren, nicht ganz so leicht erregbaren Gemütsart ergriffen, was den Besitzer ungemein irritieren kann, wenn er sensibel genug ist, das überhaupt zu bemerken. Aber der eigentliche Charakter des Hundes ändert sich dadurch nicht. Auch wird der Hund nicht automatisch fett, außer man füttert ihn mit hochkalorischem Trockenfutter und verschafft ihm keine Bewegungsmöglichkeit.

Rüden, die gegenüber Menschen und Hunden (und zwar sowohl gegenüber Rüden als auch gegenüber Hündinnen!) aggressives Verhalten an den Tag legen, werden dieses sicher nicht durch eine Kastration abstellen, nur weil ihnen das Testosteron fehlt. Im Gegenteil: der kastrierte Hund ist nun von anderen Hunden nicht mehr richtig als Rüde erkennbar und die Aggression kann sich sogar verschlimmern. Der „Onkel" wird nun auch noch gemobbt.

Gleiches gilt für eine aggressive Haltung gegenüber Menschen: auch hier wird das Verhältnis durch eine Operation nicht verbessert, sondern oft noch verschlechtert. Und zu guter Letzt wird auch das unbeliebte Aufreiten auf Menschenbeine oder Stoffpuppen nicht immer durch die Kastration beseitigt. Nicht alles, was die Evolution geschaffen hat, um Tieren das Überleben zu sichern und sie vor dem Aussterben zu bewahren, kann man mit dem Skalpell wegschneiden. „Pränatale Maskulinisierung" heißen die Zauberworte, die den männlichen Hund auch post-op noch zu Hause und anderswo das Revier markieren oder Frauchen und Herrchen besteigen lassen. Die Genetik kann man nicht so leicht austricksen. Der Vorteil einer Kastration ist zwar, dass der Hund keine Nachkommen mehr zeugen kann. Unendlich viele Kastrationsprojekte sind am Laufen, die weltweit Hunde von der Straße einfangen und kastrieren.

Aber blicken wir doch mal zum Eurovision Songcontest in die Ukraine. Dort werden immer wieder die Straßen gesäubert. Wenn Sie ganz genau hinschauen auf all die schrecklichen Bilder der abgeschlachteten Hunde, werden Sie erkennen können: die meisten ermordeten Tiere, die verendet am Straßenrand liegen, bevor sie entsorgt werden, haben eine Ohrmarke. Die meisten sind kastriert. Es spielt nämlich gar keine Rolle. Getötet werden sie trotzdem. Denn die Hundefänger bekommen dafür eine saftige Prämie. Denen ist es völlig schnuppe, ob sie einen kastrierten, einen trächtigen, einen zutraulichen (die meisten Straßenhunde sind leider sehr zutraulich gegenüber Menschen) oder einen unfreundlichen Hund einfangen und barbarisch killen.

Toter Hund=Geld vom Staat.

Die Hunde haben keine Chance, da wie dort nicht. Menschen machen, was sie wollen. Es muss aber gar nicht der unnötige Song Contest sein. Gerne mordet man auch für ein Fußballspiel, für Olympische Spiele, eine Wahl oder ganz einfach nur so. Die Hunde müssen weg, und damit basta! Viele Hundehalterinnen führen das Argument an, "ihr Hund sei schon zwei Tage nach dem Eingriff viel kuscheliger". Im Ernst jetzt? Zwei gesunde Organe eines Tieres einfach wegschneiden, damit es anschmiegsamer wird? Sie haben immer ein Argument, immer eine Ausrede für ihr Tun. Solange sich Diktatoren weltweit durchsetzen, ist es egal, ob sie Wladimir, Kim, Cesar oder Hilde von nebenan heißen, denn ihr Wille geschieht.

Ändern könnte sich nur etwas, wenn Menschen weltweit sensibler wären gegenüber Mitmenschen, Tieren und Mutter Erde. Momentan sieht es allerdings nicht so aus, als wären wir großflächig von empathischen Mitbürgern umzingelt. Im Gegenteil. Deshalb wird auch weiter herumgeschnitten am Rüden, obwohl es nicht nötig ist. Ein Versuch war es wert, denkt der Hundehalter. Klar, sind ja auch nicht seine Hoden, nicht seine Schmerzen, nicht sein postoperatives Hämatom, nicht sein Leben. Das einzige Argument für eine Kastration, einer nicht lebenswichtigen Operation an einem Tier, ist der Prostata-, oder Hodentumor beim Rüden. Alles andere ist verlogen. (Über die Vor-, und Nachteile der Kastration bei Rüden und Hündinnen habe ich ausführlich in meinem Buch "Tipps vom Hundedoktor" geschrieben; das Thema würde hier auch den Rahmen sprengen.)

Wer einen Hund möchte und nicht mit dessen angeborenen Trieben zurechtkommen will oder kann, sollte sich lieber ein Stofftier kaufen. Dieses ist pflegeleicht, waschbar und zeigt auch keinerlei „unerwünschtes Verhalten", welches man eigentlich Evolution nennt und das vom Menschen nur zu gerne weggeschnitten wird, obwohl er es doch selbst produziert hat.

Denn unsere Hunde müssen das ganze Jahr über gebärfähig und zeugungswillig sein, damit sich die Züchter so oft wie möglich über Nachwuchs freuen dürfen.

Somit haben wir nur das bekommen, was wir auch gerufen haben: Rüden, die ganzjährig sexuell aktiv oder hyperaktiv sind.

Nun müssen wir damit leben.

DIE SCHAFFEN DAS!

Facebook ist ja gelegentlich unterhaltsam, wenn man genug Chips und Bier bei der Hand hat und einen bequemen Ohrensessel, in dem es sich gemütlich räkeln lässt, während man zusieht, wie sich selbsternannte Trainer, fachgerecht ausgebildete Trainer und auch sonstiges Hundepersonal erster und zweiter Güteklasse gegenseitig zur Schnecke machen. Wohlgemerkt: meist geht es um nichts.

Aber immer um eines ganz gewiss: Jeder! Von! Ihnen! Hat! Immer! Recht!, wenn es um eine spezielle Methode der Hundeerziehung oder sonst was im Umgang mit unseren vierbeinigen Freunden geht! (Ein gut geeignetes Thema für Knabbergebäck und Alkohol ist in dieser Kombination auch Vegan vs. Barf vs. Trockenfutter. Da geht bekanntlich immer was, falls Sie längere Unterhaltung wünschen. Impfen und Kastration können da kaum mithalten. Und Auslandstierschutz ist schon zu abgenutzt.)

Aber zurück zum Thema Hundeausbildung.

Der eine clickert für sein Leben gerne. Also ich möchte ja kein Hund sein, der das ganze Clickerprogramm erst mal durchschauen muss, bis er kapiert, dass einfach nur

"Sitz" gemeint ist. Oder "Nein". Und wenn Frauchen das Ding zu Haus vergisst, was dann? (Sogar in Zoos wird schon mit wilden großen Tieren herumgeclickert. Ob sie wollen oder nicht. Dies, damit sie gefälliger tierärztlich handzuhaben sind, wenn sie in Gefangenschaft kränkeln. Oder damit sie kleine Kunststücke vorzeigen.) Der andere markert gerne, aber da bin ich noch nicht tief genug in die Materie vorgedrungen, um jetzt schlaue Worte abzusondern, die auch lesenswert wären. Und ganz ehrlich, ich habe es auch nicht vor.

Der dritte reißt am Halsband herum und zerrt an der Leine, als gäbe es kein Morgen, der vierte schreit, als wäre der Hund taub, der fünfte tritt gnadenlos hin (Trittchen! Es sind immer nur Trittchen!) und der sechste prügelt einfach drauf los.

Und da haben wir noch gar nicht den unseligen Alphawolf und den ganzen Rudelkram-Müll mit ins Spiel gebracht.

Der siebte hält eine Flexleine für das Mittel der Wahl, die dem Hund gefährlich um die Ohren sausen kann, schwere Brandwunden verursacht oder dergleichen mehr, sowie den Hund zudem permanent auf Zug hält. Wieder andere schwören hingegen strikt auf Nasenhaltis, die gerne hündische Nasenbeine brechen lassen, während Nummer "ich-zähle-jetzt- nicht- mehr-mit" der Horde ganz aktuell mit einem Geschirr Gas gibt, wo der Zug seitlich vorne am Kehlkopf liegt.

Da wären noch diverse „Hundeerziehungsgeschirre", die sich fest und schmerzhaft um Oberschenkelarterien ziehen beim Zerren, solche, die sich um Vordergliedmaßen und Hals zuzurren und, last but not least, der Stachelwürger, die Königin der Qual, gleich gefolgt von Millanschen-Halsungen, die auf Parotiden und Halsschlagadern drücken und so die Blut-, und Sauerstoffzufuhr ins Gehirn drosseln. (Verbotene Stromschlaggeräte wie Teletac und in Halsbänder integrierte Ultraschallgeräte oder Spritzpistolen und dergleichen führe ich jetzt gar nicht mehr an.)

Liebe Güte! Ist es eigentlich im 21. Jahrhundert unmöglich seinem Tier, einem Hund, nicht etwa einem gefährlichen Sibirischen Tiger oder einer Königskobra, sondern bloß einem Hund (!), irgendetwas beizubringen, was er im Leben auch wirklich braucht, ohne dabei etwas Sinnbefreites, Groteskes oder Brutales anzuwenden?

Ist es wirklich so schwierig mit seinem besten Freund zu kommunizieren ohne Leckerli, Marker, Clicker, Geplärre, Geplapper, Gewürge und Getrete?

Sie meinen, das kann man nicht in einen Topf werfen?

Aber ja! Ich kann!

Es ist ein Hund, ein sensibles oder hochsensibles Lebewesen, das Worte versteht wie wir Menschen, ein Gedächtnis hat wie wir Menschen, das Dinge versteht und lernt durch Zuschauen, Abschauen und intuitives Handeln, das Lob wahrnimmt, auch wenn Menschen dabei nicht jedes Mal in die Kuchenkiste greifen, Stimmungen, Höhen und Tiefen der menschlichen Seele fühlt und versteht, ohne dass der dumme, unsensible Mensch das Geringste davon vorher, nachher oder währenddessen mitbekommt. Geschweige denn randwertig kapiert. Während er vielleicht noch im Internet nach Tipps zur Verblödung seines Hundes sucht, die Gebrauchsanweisung des Clickers studiert oder im Handbuch „Tipps vom geistigen Oberwauwau-Flüsterer: Wie wirst auch Du Rudeloberdepp in nur zehn Tagen" nachliest, wie er seinen Hund am besten nachhaltig zu Fall bringt. Dazu eine kleine Anekdote am Rand: Mein Hund mag keine Katzen. Ich montierte daher in meiner ehemaligen Tierarztpraxis ein Kindersicherheitsgitter zwischen Behandlungsraum und Hinterzimmer, falls ich doch einmal in der Eile vergessen würde, die Türe zu schließen und ein Katzentier im selben Raum wäre wie mein nicht katzenkompatibler Hund. Das Gitter bewährte sich. Allerdings nur bis zu dem Zeitpunkt, als mich mein Hund dabei beobachtete wie ich eines Tages, zu faul um das Gitter zu öffnen, salopp darüberstieg. Zehn Minuten später stand auch mein Hund im Zimmer. Er kletterte geschmeidig wie eine Katze (er, der sonst nur schwerfällig auf ein Bett springen konnte, wenn der Boden zu rutschig war!) genau wie ich über das Kindersicherheitsgitter hinweg. Soviel zum Thema beibringen ohne Clickern. Wenn sie wollen, verstehen sie uns schon, die Hunde. Eine verhasste Katze zu fangen war offensichtlich Lernmotiv genug.

Werfen wir mal einen genauen Blick auf all die Lernmethoden, die wir anwenden, um so intelligenten Lebewesen wie unseren Hunden Dinge beizubringen (die sie meist ohnehin nicht wirklich dringend brauchen, weil alles Wichtige können sie bereits seit ihrer Geburt) ist es eher eine traurige Geschichte, das Kapitel Hund im 18. Jahr des neuen Jahrtausends. Die damaligen Jäger und Sammler würden sich an den Kopf tippen, könnten sie den Zirkus heute sehen, den manche Trainer und sonstige hundekundige Anführer veranstalten. Die Wölfe würden allesamt auf der Stelle kehrt machen und es gäbe heute keine Hunde, hätten die das damals geahnt. Wie wär"s mal zur Abwechslung mit ein bisschen Verständnis und Liebe? Dann geht Hund-Deutsch, Deutsch-Hund auch ganz ohne halbwissenschaftliche Erklärungen, ohne Verschwörungstheorien von der Weltherrschaft und auch ohne Rudelgetue. Wie wäre es mal damit, unseren Hunden ein bisschen mehr zuzutrauen, ihnen ein bisschen mehr Vertrauensvorschuss von unserer Seite zu geben anstatt prophylaktisch Beißkorb und andere Zwangsmassnahmen einzusetzen?

„Die schaffen das schon", würde sich hier mal ganz großartig machen. Die Hunde würden sich darüber sicher freuen! Die tippen sich wahrscheinlich auch schon heimlich ans Hirn, während sie ihren Zweibeinern dabei zusehen, wie die sich zu dem machen, von dem sie alle abstammen. Nämlich zum Affen. Die ja bekanntlich nicht unbedingt zu den klügsten und freundlichsten Vertretern im Tierreich gehören.

„Der Hund ist ein Ehrenmann; ich hoffe, einst in seinen Himmel zu kommen, nicht in den der Menschen."

-Marc Twain-

ERWORBENE HOCHSENSIBILITÄT BEIM HUND

Hochsensibilität ist bei Mensch und Tier zwar angeboren, kann aber auch im späteren Leben erworben werden. Meist geschieht dies durch ein traumatisches Erlebnis, bei dem der Betroffene so stark psychisch oder physisch erschüttert wurde, dass er in Zukunft hochsensibel oder übersensibel auf seine gesamte Umwelt reagiert. Reagieren muss, denn die Stimme der Evolution fordert das Überleben und Weiterleben ein und so gewinnt entweder der Stärkere oder es beginnt der Kampf mit der Angst. Und sei es nur die unbewusste Angst, die immer wieder ans Tageslicht kriecht, wenn eine neue Situation an das alte Trauma erinnert. Egal ob es sich um Gerüche, Geräusche oder Situationen handelt. Bei Menschen rät man zu einer Psychoanalyse und einer Trauma-Aufarbeitung. Und wie steht es mit einem traumatisierten Hund? Ein Hund kann uns leider nicht erzählen, was er erlebt hat. Selbst wenn Herrchen oder Frauchen dabei sind wenn etwas für das Tier Hochtraumatisches oder Belastendes geschieht, so nimmt es der Mensch meist gar nicht als so schlimm wahr, bemerkt es vielleicht nicht einmal oder geht darüber hinweg. Sie wissen schon: „Da muss er durch!". Weshalb gibt es auf dieser Welt so viele Angsthunde, so viele vermeintlich aggressive Hunde, so viele Leinenrambos? Gibt es tatsächlich so viele „Red Zone"-Hunde, wie es überall heißt? Sind wirklich die Hälfte aller Vierbeiner gemeingefährliche „Kampfhunde", ja Bestien? Die sich nichts lieber wünschen als ihre Zähne genüsslich in menschliche Hinterteile oder Hunde auf der anderen Straßenseite zu vergraben um sie kalt zu machen? Ich finde dieses Thema gerade in der heutigen Zeit immens wichtig. Mehr denn je steigt die Zahl der aggressiven Hunde, der Beißvorfälle, Tierheime quellen über weil Menschen mit zähnefletschenden, angeblich blutrünstigen Hunden nicht zurechtkommen und diese nach einem wahren Martyrium endlich im Heim abgeben. Falls sie nicht vorher überhaupt eingeschläfert werden. Denn ein Hund ist nichts wert. Ein Hund ist nur dann etwas wert, wenn man mit ihm angeben kann oder er eine Funktion erfüllt. Wenn er Menschen unter Lawinen rettet, Erdbebenopfer aufspürt, Drogen oder Bomben am Zoll findet oder dergleichen. (Und nicht mal dann, wie man neulich am Australischen Flughafen eindrucksvoll bewies. Ein knapp einjähriger Drogenspürhund riss sich im Einsatz los und konnte nicht mehr eingefangen werden. Da man kein Betäubungsgewehr hatte, erschoss man das Tier kurzerhand.) Wert ist er dann etwas, wenn man mit ihm züchten kann und damit zweimal pro Jahr viel Geld mit Welpen verdient. Wenn man als Tierarzt von seiner Gesunderhaltung lebt, als Hundetrainer von seiner Ausbildung profitiert, als Futtermittel- und Spielzeughersteller oder als Heiler/Coach/Flüsterer etwas vom Hund hat. Dann ist der Hund etwas wert. Wie überall auf der Welt regiert die Nachfrage den Markt. Wenn Menschen keinen Pelz kaufen, werden keine Tiere mehr abgeschlachtet. Würde keiner Fleisch essen, gäbe es keine Schlachthöfe. Zöge niemand in den Krieg, wäre weltweit Frieden. Das gilt auch für die Marke Hund. Kauft keiner mehr Möpse, gibt es keine Qualzucht mehr. Ein Niemand könnte niemals Ruhm erreichen, würde niemand dessen Bücher kaufen und lesen. Er wäre dann das, was er ist: ein Nichts. Und ein Nichts kann weder

Hallen füllen noch hirnlose Massen in Hysterie verfallen lassen.

Es liegt also immer allein an uns, aufzuklären, zu entscheiden und den Markt zu bestimmen. Und dieser Gedanke führt uns zurück zur erworbenen Übersensibilität der Hunde durch gewaltsames Agieren ihrer Menschen.

Übersensibel durch Trauma

Überlebten oder erlebten Menschen traumatisierende Ereignisse, erleiden sie danach meist eine posttraumatische Belastungsstörung (PTBS). Eine genaue Definition der PTBS liefert das Informationsportal zur psychischen Gesundheit und Nervenerkrankungen „Neurologen und Psychiater im Netz", welches von Berufsverbänden und Fachgesellschaften für Psychiatrie, Kinder- und Jugendpsychiatrie, Psychotherapie, Psychosomatik, Nervenheilkunde und Neurologie aus Deutschland und der Schweiz herausgegeben wird: *„Die Posttraumatische Belastungsstörung (PTBS) tritt als eine verzögerte psychische Reaktion auf ein extrem* belastendes Ereignis, eine Situation außergewöhnlicher Bedrohung oder katastrophenartigen Ausmaßes auf. Die Erlebnisse (Traumata) können von längerer oder kürzerer Dauer sein, wie z.B. schwere Unfälle oder Gewaltverbrechen, wobei die Betroffenen dabei Gefühle wie Angst und Schutzlosigkeit erleben und in Ermangelung ihrer subjektiven Bewältigungsmöglichkeiten Hilflosigkeit und Kontrollverlust empfinden. Typisch für die PTBS sind die sogenannten Symptome des Wiedererlebens, die sich den Betroffenen tagsüber in Form von Erinnerungen an das Trauma, nachts in Angstträumen aufdrängen. Gewissermaßen das Gegenstück dazu sind die Vermeidungssymptome, die meistens parallel zu den Symptomen des Wiedererlebens auftreten: emotionale Stumpfheit, Gleichgültigkeit und Teilnahmslosigkeit der Umgebung und anderen Menschen gegenüber, aktive Vermeidung von Aktivitäten und Situationen, die Erinnerungen an das Trauma wachrufen könnten. Häufig kommt ein Zustand vegetativer Übererregtheit dazu, der sich in Form von Schlafstörungen, Reizbarkeit, Konzentrationsschwierigkeiten, erhöhter Wachsamkeit oder ausgeprägter Schreckhaftigkeit manifestieren kann. Die Störung entsteht als eine mögliche Folge auf das

traumatische Ereignis. Der neurobiologische Prozess,
der bei einer PTBS im Gehirn abläuft, ist bislang nicht
hinreichend erforscht. Über die Hälfte aller Menschen
werden im Laufe ihres Lebens mindestens einmal mit
einem traumatischen Ereignis konfrontiert. Die
Wahrscheinlichkeit, im Anschluss an ein traumatisches
Erlebnis an einer PTBS zu erkranken, ist unter anderem
abhängig von der Art des Traumas. Grundsätzlich ist das
Risiko bei durch Menschen hervorgerufenen
Traumatisierungen besonders hoch. Verkehrsunfälle und
akute körperliche Erkrankungen (z.B. Krebserkrankung)
können ebenfalls eine Posttraumatische
Belastungsstörung auslösen, das relative Risiko liegt in
solchen Fällen jedoch deutlich niedriger. Die psychische
Erkrankung wird gemäß der internationalen
Klassifikation ICD-10 den Reaktionen auf schwere
Belastungen und Anpassungsstörungen zugeordnet."

Was die PTBS mit hochsensiblen Hunden zu tun hat?
Nun sie liefert die Erklärung für fast alles, was den Hund
zum sogenannten „Red-Zone" Hund macht. Sie liefert
die Erklärung für Leinenaggression, Burn-Out,
Selbstaufgabe, Depression und totalen Rückzug aus der
Welt. Unter „eine Situation außergewöhnlicher
Bedrohung" fällt wohl als erstes der „Alphawurf". Einen

Hund täglich mehrmals grundlos niederzuringen, ihn an der Kehle zu würgen um ihm damit zu suggerieren „Ich werde dich gleich töten, ich will dein Leben, nun ist es aus mit dir!" ist in meinen Augen nicht nur ein sehr schwerer Fall von Tierquälerei, (und Tierquälerei ist gesetzlich verboten), es ist auch ein massiver Vertrauensbruch seitens des Hundeführers, der nie wieder gutzumachen ist. Sie werden das sicher kennen: wurden Sie von Ihrem besten Freund einmal enttäuscht, ist es fast unmöglich, das alte Vertrauensverhältnis wieder herzustellen. Das kann man weder durch eine Entschuldigung schön reden noch durch Geschenke oder Bestechungsversuche wieder wettmachen. Und jetzt schauen wir mal auf den Hund, dieses wunderbare Wesen, das selbst diese entsetzlichen Vertrauensbrüche immer wieder verzeiht. Es wird dennoch nicht spurlos an ihm vorübergehen, vor allem dann nicht, wenn er hochsensibel ist. Aber was soll er machen? Er ist seinem Menschen ausgeliefert auf Gedeih und Verderb. Einem Menschen, der allen Ernstes behauptet, sein Tier zu lieben. Der aber offensichtlich von allen guten Geistern verlassen sein muss, wenn er solche Methoden ernsthaft auch nur in Erwägung zieht. Das macht mich sehr traurig. Weil brutale, dominante Menschen absolut gegen jedes Argument immun sind. Ja, es ist die berühmte unsensible Hälfte mit dem kleinen Anteil der Psychopathen. Aber ist das wirklich Ausrede genug? Und ich frage mich täglich: wie kann ich verhindern, dass Hunde Schaden nehmen durch solche Menschen? Ich habe leider keine Antwort. Ich weiß nur, dass sehr viele Tiere weltweit täglich ein unaussprechliches Martyrium durch Menschen erleiden, Menschen, die sich auch noch am Leid der Hilflosen ergötzen. Ganz besonders schlimm ist es für einen Hund aus einem Tierheim oder dem Auslandstierschutz, der ohnehin nur Gewalt in seinem Leben hinter sich hat. Er hat gelernt, dass vom Menschen nur Böses ausgeht. Es ist zum Niederknien, wenn man so ein Tier aus seinem Todeszwinger holt und es in die richtigen Hände kommt und aufblüht. Er wird sicher seine Vergangenheit nicht vergessen aber man kann ihn ins Leben zurückführen. Nur nicht mit Gewalt. Nicht mit Tritten, nicht mit Schlägen und nicht mit Unterwerfung. Denn genau dann tritt das oben beschrieben PTBS in Kraft: der Hund erinnert sich an die Gewalt, die er erlebt hat. Das Gehirn sagt: „Es geht schon wieder los! Hilfe!" Und genau das tut es ja auch. Gewalt folgt neuer Gewalt, wie eine Endlosschleife. Diese zu durchbrechen kann einen traumatisierten Hund gesund machen. Dazu braucht man eigentlich weder Geld noch Trainer. Dazu braucht man in erster Linie unendlich viel Liebe, Einfühlungsvermögen und Fingerspitzengefühl. In zweiter Linie braucht man vor allem eines, und auch das ist gratis: Zeit. Es wird dauern, möglicherweise sehr lange, bis man einem vorbelasteten Tier vertrauenswürdig genug erscheint, damit es einem Menschen die Führung überlässt. Und genau daran scheitert es meist: es muss immer schnell gehen, am besten gestern noch. Leider ist das unmöglich. Denn, wie schon erwähnt: das Vertrauen zu verlieren geht in einer Sekunde. Es wieder herzustellen dauert manchmal eine kleine Ewigkeit. Aus meiner langjährigen Praxiserfahrung und der intensiven Beschäftigung mit dem Thema „Traumatisierter Hund aus dem Tierschutz" habe ich die wichtigsten Anhaltspunkte für frischgebackene Hundeadoptanten hochsensibler Tiere zusammengestellt.

- Indem ich dem Hund einen sehr geregelten Tagesplan biete, kann ich ein unterstützendes Umfeld für einen hochsensiblen traumatisierten Hund schaffen.

- Wenn ich ein hochsensibles traumatisiertes Tier habe, darf ich es nicht zusätzlichen Stressoren aussetzen.
- Verdiene ich mir das Vertrauen des Hundes, kann ich ihm helfen, seine Ängste zu verlieren.

Wir unterschätzen die Spezies Hund wo es nur geht. Dies liegt vor allem daran, dass man eher geneigt ist einem selbsternannten Hundeexperten als einem Wissenschaftler zu glauben, wenn es um hündisches Verhalten geht. Wie zum Beispiel den in den letzten Jahren erbrachten wissenschaftlichen Studien, in denen sich weltweit immer mehr Wissenschaftler außergewöhnlichen und intelligenten Fähigkeiten des Hundes widmen und diese ernsthaft unter die Lupe nehmen. Auch damit die letzten Zweifler und Studienliebhaber, die immer und überall Beweise! Studien! Links! schreien, verstummen. 2012 widmeten sich Dr. Juliane Kaminski und ihre Kollegen vom Max-Planck-Institut dem Vergleich der kognitiven Fähigkeiten von Hunden und Menschenaffen gegenüber anderen Säugetieren und denen des Hundes. Es stellte sich heraus, dass nicht nur Menschen kognitive Fähigkeiten, also das Bewusstsein und die Fähigkeit selbstständig zu denken, mentale Zustände wie Absichten oder Wünsche anderer zu erkennen und zu verstehen haben, sondern auch Hunde. Hundemenschen war das immer schon klar. Doch nun hatten sie endlich den wissenschaftlichen Beweis für die Zweifler. Laut Dr. Kaminski war das Ergebnis eindeutig.[1] Von den 20 Schimpansen konnte keiner mit der Zeigegeste des Menschen etwas anfangen. Die Hunde aber achteten im Gegensatz zu den Affen auf die Zeigegeste und brachten den Gegenstand auf den der Mensch gezeigt hat. Und das sogar, *„wenn die Geste auf etwas gerichtet war, was hinter ihnen lag. Der Mensch zeigte auf eins der Objekte welche hinter dem Hund lagen, der Hund sah die Geste und musste sich dann herumdrehen um den richtigen Gegenstand zu wählen. Dass dies für die Hunde kein Problem war zeigt noch mal deutlich wie flexibel die Hunde mit unseren Gesten umgehen können. Sie müssen nicht Finger und Objekt gleichzeitig im Blickfeld haben um zu verstehen was gemeint ist.“* Dies spräche auch deutlich gegen eine rein assoziative Deutung der Zeigegeste durch den Hund und zeigt, wie flexibel Hunde mit unserer Zeigegeste umgehen und möglicherweise wirklich die kommunikative Absicht an sich deuten können, bestätigte Kaminski. Auf die Frage des Interviewpartners „Hounds & People" [2], ob das bedeutet, dass Hunde wie kein anderes Säugetier unsere Gesten permanent zu deuten versuchten um mit uns zu kommunizieren, lautete die Antwort von Dr. Kaminski: *„Ja. Für Hunde ist der Mensch der relevante Sozialpartner. Wenn die Hund-Mensch Beziehung gut ist, wird alles was der Mensch macht relevant und der Hund beobachtet den Menschen um zu deuten was als nächstes von ihm gefordert ist. Eine unserer Studien hat gezeigt, dass Blickkontakt während kommunikativer Interaktionen für den Hund enorm wichtig ist. Blickt der Mensch den Hund nicht an während er auf etwas zeigt, sondern stattdessen eine andere Person, dann ignorieren die Hunde die Zeigegeste und wählen zufällig. Nur wenn sie wirklich "gemeint" sind, wird es für die Hunde wirklich relevant."*

Möglicherweise nicht überraschend hat die Studie auch gezeigt, dass Hunde, die mit dem eigenen Namen angesprochen werden, den kommunikativen Hinweis noch erfolgreicher nutzen konnten als die mit einem beliebigen Namen angesprochenen Tiere.

„In der Hundeliteratur liest man leider immer noch viel zu oft, dass Hunde eigentlich nur durch Konditionierung beeinflussbar sind. Dies ist ein Erbe des Behaviorismus,

ist veraltet und sollte langsam aus den Büchern verschwinden. Wir wissen heute, dass Hunde (und auch andere Tiere) in den verschiedensten Lebenslagen flexible Entscheidungen treffen können. Es ist wichtig dies im Umgang mit dem Hund im Hinterkopf zu behalten.", so Kaminski, weiter, *„Wölfe, selbst wenn sie von Menschen wie Hunde aufgezogen wurden, können mit Gesten des Menschen nicht so viel anfangen. Der Hund ist kein Wolf mehr und vor allem ist er kein "verdummter" Wolf. Er hat neue und flexible Fähigkeiten entwickelt, die ihn perfekt an das Leben mit dem Menschen anpassen. Hier finde ich eine Studie aus Budapest immer wieder sehr wichtig in der gezeigt wurde dass sich Hundewelpen, die sich entscheiden können zwischen Kontakt zu einem fremden Menschen und Kontakt zu einem fremden Hund, für den Kontakt zum Menschen entscheiden. Wolfswelpen entscheiden sich in derselben Situation für Kontakt mit dem fremden Hund. Der Mensch ist der gewünschte Sozialpartner des Hundes. Besser kann man sich die Anpassung des Hundes an den Menschen durch Domestikation nicht verdeutlichen."*

Hounds & People fragte nach, was dies konkret für die Hundebesitzer im Umgang mit ihren Hunden bedeutet.

Die Antwort lautete: „*Der Hundebesitzer sollte immer im Hinterkopf haben, dass der Hund eine große, ihm angeborene, Motivation hat auf die Kommunikation des Menschen zu reagieren. Man muss nicht brüllen oder anderweitig grob werden um von dem Hund "verstanden" zu werden. Wenn es in der Kommunikation nicht klappt, dann hat das sicher seine Ursache in anderen Bereichen der Mensch-Hund Beziehung. Den Hund als verdummten Wolf zu betrachten wird ihm ebenso nicht gerecht wie das Hunde-Training ausschließlich auf Konditionierung aufzubauen. Forschung aus dem Bereich der vergleichenden Kognition beweist, dass Hunde (ebenso wie andere Tierarten) flexibel auf ihre Umgebung eingehen können, flexible Entscheidungen fällen und ihr Verhalten nicht nur starren, konditionierten Mustern folgt. Es wird Zeit alte Ansätze von Behaviorismus endlich aus den Köpfen zu bekommen. Der Hund hat sich an seine neue Nische Mensch angepasst. Der Mensch ist zu dem bevorzugten Sozialpartner geworden auf den flexibel reagiert wird.*"
Diese Aussagen der Expertin halte ich für so aussagekräftig wie kein anderes wissenschaftliches Statement zum Thema Hunde und Wölfe, deshalb habe ich es auch so detailliert eingefügt.

Es erklärt einfach alles, was viele Menschen bisher nur vermutet haben oder von der Flüster- Szene beharrlich angezweifelt wurde.

Es erklärt, dass zu Hause da ist wo deine Freunde sind.

Es erklärt, dass man seine Freunde nicht verprügeln muss, damit sie etwas verstehen.

Es erklärt aber nicht, weshalb Menschen diesen Worten nicht endlich glauben wollen.

HOCHSENSIBLE HUNDE UND STRESS

Eine hochgradig gesteigerte Wahrnehmung der Umwelt ist wahrscheinlich die größte Begabung der hochsensiblen Menschen und Hunde- und auch gleichzeitig ihr größter Schwachpunkt. Eine erhöhte Wahrnehmung der Außenwelt und ihrer andauernd ungefiltert einströmenden Reize bedeuten Dauerstress für die Betroffenen. Im Klartext heißt das, der Körper produziert zu viel Cortisol. Unsere geliebten Hunde werden unentwegt und ohne Erholungsphase völlig überfordert, und zwar psychisch wie auch physisch. Dieser permanente Leistungsdruck gepaart mit unerfüllbaren Erwartungen erzeugt immensen Stress. Stress wiederum schädigt das Immunsystem. Es bedeutet, die Immunabwehr sinkt und bietet dadurch die Grundlage für das Entstehen von Krankheiten. Ist das Tier andauernd massivem Stress ausgesetzt, wird es krank. Es ist egal, ob die Überforderung falsche Erziehung, nicht artgerechte Fütterung oder nicht artgerechte Haltungsbedingungen heißt, denn das Resultat bleibt leider gleich.

Bei Dauerüberlastung schütten die Nebennieren Cortisol aus, das Tier wird dadurch chronisch müde und kaum mehr belastbar, das Gehirn unzureichend mit Sauerstoff versorgt. Testosteron gehemmt, was lustlos, kraftlos, und gleichgültig macht. Gleichzeitig gerät der Insulinspiegel aus dem Gleichgewicht und der Serotoninspiegel sinkt. Probleme mit der Bauchspeicheldrüse und mit dem Magen-Darm Trakt treten auf. Dies erklärt auch die Zunahme der steigenden Erkrankungen der Bauchspeicheldrüse. Cortisol senkt Adrenalin und hemmt zusätzlich Synapsen im Gehirn- das wiederum vermindert deutlich die Denkleistung. Der Körper signalisiert dennoch durchhalten, obwohl er dringend eine Pause brauchen würde. Und nun tritt der Mensch auf den Plan, der den Hund zusätzlich noch mehr und noch ausdauernder unter Druck setzt, fordert und stresst. Denn sehr viele Hundebesitzer denken, sie müssten ihr Tier unentwegt auslasten, sei es nun körperlich oder geistig. Was ein schwerer Fehler ist. Denn so schließt sich der Teufelskreis.

Mehr Training macht kränker statt gesund.

Genau diese Methode der totalen Überforderung hochgradig gestresster, überforderter hochsensibler Hunde empfiehlt auch der großartigste Hundeflüsterer aller Zeiten, Mister M. aus Mexiko. Und was geschieht?

Nach dem Prinzip „Schlimmer geht bekanntlich immer"
geht es dem Hund durch die zusätzliche Überbelastung
noch viel schlechter als je zuvor. Der Körper produziert
noch mehr Adrenalin, der Hund kommt überhaupt nicht
mehr zur Ruhe und der ohnehin schon chronisch
überreizte Körper fordert seinen Tribut.
Psychosomatische Krankheiten entstehen. Der
Leidensweg des Hundes beginnt, da er nun von Trainer
zu Flüsterer, von Heiler zu Tierkommunikator und von
Tierarzt zu Tierklinik geschleppt wird und jeder der
Beteiligten mindestens ein Dutzend gute Ratschläge
gibt, die leider alle samt den Gesundheitszustand des
Hundes verschlechtern, statt verbessern und
irgendwann wird das Tier ernsthaft körperlich krank.
Vielleicht werden sogar starke Beruhigungsmittel aus der
Humanpsychiatrie verschrieben, die keinerlei Wirkung
dafür immense Nebenwirkungen haben. Nebenbei
erwähnt: eine aktuelle Studie an Menschen bestätigt,
dass eine schwere Kindheit geistig flexibel macht. Es
gibt also nicht immer nur negative Spätfolgen, sondern
„in manchen Lebenssituationen sind unter schwierigen
Umständen aufgewachsene Menschen nämlich geistig
flexibler."[3]

Mögliche negative Folgen einer harten Kindheit sind unter anderem psychische Probleme, wie Depressionen und Aggressionen, auffällige Verhaltensweisen, das Eingehen unvernünftiger Risiken sowie eine verminderte Gedächtnisleistung. Die Kernaussage lautete *„In einer Welt, in der nichts sicher ist, sollte man besser nehmen, was man kriegt. So gesehen habe der schwierige Lebenshintergrund die Betroffenen nicht beeinträchtig, sondern einfach den Umständen entsprechend geprägt. Mit dem Gefühl der Verunsicherung liefen die Testpersonen mit schwerer Lebensgeschichte zur Höchstform auf und waren geistig extrem flexibel. Bei den anderen Probanden passierte genau das Gegenteil."*

Eine weitere Studie an Menschen testete das "Bauchgefühl".

US-Forscher fanden dabei heraus, dass dieses Frühwarnsystem im Alter nachlässt.

Zuständig für das Bauchgefühl ist die Aktivität in einer bestimmten Gehirnregion, die Insula anterior, und genau die wird bei älteren Menschen inaktiver.[4] *"Bei den älteren Menschen ist das Frühwarnsignal der anterioren Insula schwächer; ihre Gehirne melden nicht im gleichen Maße wie bei jüngeren: Sei vorsichtig"*, erläutert Taylor.

Auf der anderen Seite trägt diese Vertrauensseligkeit auch zum Wohlbefinden bei, da Senioren negative Gefühle weniger stark empfinden aber hingegen positive Informationen besser behalten als schlechte. Was das mit hochsensiblen Hunden zu tun hat? Es erklärt die Vertrauensseligkeit von sehr alten Hunden, die bereits unendlich viele schlechte Erfahrungen mit Menschen machen mussten und dennoch immer noch bedingungslos Vertrauen fassen können. Sie blieben also geistig flexibler, dafür hat ihr Bauchgefühl etwas nachgelassen.

Natürlich gibt es dafür keinerlei wissenschaftliche Beweise. Es gibt allerdings auch keine Gegenbeweise. Und solange möchte ich das hier als Erklärung gelten lassen. Weil ich mich sehr oft gefragt habe, wie Hunde mit einer furchtbaren Vergangenheit immer wieder so bedingungslos und reinen Herzens genau jenen Vertrauen und Liebe schenken können, die doch zur Spezies derer gehören, die ihre ganze Pein verursacht haben. Was eigentlich ebenfalls wenig erstaunt, sind die Ergebnisse einer aktuellen Studie zum Thema Stress.

„Die Persönlichkeit der Halter beeinflusst, wie sie Beziehungen leben", sagt die Verhaltensbiologin Iris Schöberl von der Uni Wien gegenüber science.ORF.at.

[5]*„Und das beeinflusst wiederum das Verhalten der Hunde."* Mittels Speichelproben von Menschen und ihren Hunden und deren Untersuchung auf die Cortisol-Konzentration kam man zum Ergebnis, dass *„die Persönlichkeit von Herrchen und Frauchen mit der Stressreaktion ihrer Hunde zusammenhängt. Hunde, deren Halter ausgeglichen und optimistisch sind, tun sich beim Stressabbau leichter. Wenn jemand mit einer rosaroten Brille durchs Leben geht, dann färbt sich das auf den Hund ab"*, sagt Schöberl. *„Er spürt genau, wie wir drauf sind."* Was bedeutet, dass Hunde gestresster und ängstlicher Halter ebenfalls nachweislich gestresst und ängstlich sind. Neu ist, dass das Geschlecht der Hundebesitzer sich auf das Stressmanagement der Hunde auswirkt. *„Frauchen mit Rüden haben ein schlechteres Stressmanagement als mit weiblichen Tieren und als Männer mit ihren Hunden. Wer wenig Stress haben will, wähle bei Hunden das eigene Geschlecht."*

Und was empfiehlt die Wissenschaftlerin nun gegen Stress?

Iris Schöberl meint dazu: *„Das A und O ist es, ihre Grundbedürfnisse zu kennen. Dazu gehört, dass erwachsene Tiere im Schnitt 17 bis 18 Stunden Ruhe,*

Rast und Schlaf pro Tag brauchen. Überfordern ist genauso schlecht wie unterfordern" Und die Moral von der Geschichte ist, Hunde und Menschen haben ähnliche Persönlichkeitsstrukturen.

"Das ist auch der Grund, warum uns Hunde besonders gut lesen können." Umgesetzt auf hochsensible Hunde mit hochsensiblen Haltern bedeuten diese Studienergebnisse, dass hochsensible Hunde die Unsicherheit und Aggression ihrer Halter übernehmen und im eigenen Verhalten spiegeln. Und das wiederum erklärt, warum es so viele ängstliche oder aggressive Tiere gibt- weil sie nämlich wie ihre Besitzer werden. Besteht das Gespann Hund- Mensch hingegen aus hochsensiblen Individuen, wird es kaum Probleme geben. Hochsensible Menschen führen keinen Krieg und ziehen nicht in die Schlacht. Sie treten lieber den Rückzug an. Selbst wenn sie dabei dumm oder feige dastehen. Da Hunde nicht einfach den Rückzug antreten können, wenn sie gerade mit einem Strick um den Hals an einem Menschen dranhängen, werden sie vielleicht mit Angst reagieren. Nichts anderes ist die vielgefürchtete Leinenaggression: der Hund würde gerne ausweichen oder flüchten, kann aber nicht. Also wählt er aus Furcht die Konfrontation. Und schon hat der Mensch

einen vermeintlichen Problemhund, der mit allen möglichen Schikanen der Hundeerziehung gedrillt wird, sich in einer für ihn unangenehmen oder bedrohlichen Situation alles gefallen lassen zu „müssen". Denn Sie ahnen es bereits: Da muss er durch. Und Fuß! Wie man in den Wald hineinruft, so schallt es zurück, sagt ein altes Sprichwort. Genauso ist es auch bei der Energie, die wir ausstrahlen. Hunde spüren, ob Ihre Menschen gut gelaunt oder depressiv sind. Sie leisten enorme Hilfestellung vor allem im Bereich psychischer Erkrankungen, denken Sie nur an die Therapiehunde in Altenheimen oder Hunde, die Burn-out Patienten ins Leben zurückführen. „Hunde haben alle guten Eigenschaften des Menschen, ohne gleichzeitig ihre Fehler zu besitzen" sagte schon Friedrich II., der Große. Und er hatte Recht!

Bittere Pillen gegen die große Angst

Sigmund Freud lässt grüßen! Der Vater der Psychoanalyse war selbst Tierbesitzer und hätte sich bestimmt über die Auswüchse in der Heimtierhaltung des 21. Jahrhunderts gewundert. Psychopillen aller Art für Tiere! Aber ja! Weil das, was die Natur perfekt erschaffen hat, auf dem Weg zum handlichen und für den menschlichen Bedarf angepassten Partner mittels Psychopillen gefügig gemacht werden soll. Den meisten Menschen passt es nämlich nicht, dass sich Hunde nicht wie Menschen benehmen. Vielen behagt es auch nicht, dass sich Hunde nicht wie kleine Kätzchen benehmen. Oder wie Kinder. Spielt aber keine Rolle, da es ja Psychopharmaka gibt, die seit 1998 auch endlich für Tiere zugelassenen wurden und meist in Kombination mit einer Verhaltenstherapie angeraten werden. Chemie und Blabla um ein Tier zu erschaffen, das handzahm und menschgerecht funktionieren soll? Da wäre beispielsweise „Clomicalm", (welches schon seit den sechziger Jahren in der Humanmedizin Unheil anrichtet), das „ Panik verhindert und Hunde wieder lernfähig und besser zugänglich für die notwendige Verhaltenstherapie" macht. Im Kleingedruckten ist weder von den Nebenwirkungen noch dem ganzen Rest die Rede. Nämlich beispielsweise davon, dass es doch nicht so funktioniert wie es soll und das aggressive Tier eventuell zubeißt, wenn das Antidepressivum nicht wirkt. Und dann erst recht eingeschläfert wird, weil es unheilbar aggressiv ist. Clomicalm besteht aus dem Wirkstoff Clomipramin, der auch in menschlicher Medizin zum Einsatz als Stimmungsaufheller gegen Depressionen kam, aber auch bei Zwangserkrankungen eingesetzt wurde. Ein Wirkstoff aus der Psychiatrie, ein Antidepressivum gegen Aggressionen und Trennungsängste, das Mensch, Hund und Katze gleichsam beglückt?

Clomicalm blieb nicht lange allein, es folgten bereits schneller als schnell „Prozac" und „Selgian" nach. Selgian soll Hunden helfen, keine Angst mehr zu haben, wenn sie alleine zuhause warten müssen. Selgian wird beim Menschen gegen Parkinson eingesetzt. Ein Milliardenumsatz wird mit dem Geschäft der tierischen Psyche gemacht, genau wie mit der menschlichen. Psychotherapie boomt, da wie dort. Der Hund auf der Couch, beim Hundeflüsterer, beim Tierkommunikator, das ist so normal wie Kuchen zu backen und gehört schon fast zum guten Ton. Warum ist das so? Weil Menschen eine falsche Erwartungshaltung an ihre Tiere haben. Die Tiere sind nicht verhaltensgestört, im Gegenteil. Sie machen ganz genau das, was sie machen sollten. Allein den Menschen passt es nicht. Die hätten nämlich gerne ein paar Dinge weggemacht, die stören oder total unbequem sind. Das Hochspringen an Menschen und Türen. Das Markieren vielleicht. Oder die

Angst vor dem Gewitter und dem Alleinebleiben.

Muss das sein, dass sich Tiere so daneben benehmen, fragen sich diese Menschen. Und so zerstört man seine Haustiere lieber mit Tabletten, anstatt sich zu fragen, warum sie tun, was sie eben tun, nämlich mit der Gabe von Antidepressiva und Tabletten gegen Parkinson. Tierärzte machen mit, weil man dank der Führung einer tierärztlichen Hausapotheke am Umsatz beteiligt ist und außerdem ist es viel einfacher, etwas zu verschreiben, als stundenlang mühsame Tierbesitzer gratis zu beraten, die dann letzten Endes ohnehin immer genau das Gegenteil tun und ein schnelleres Mittel einfordern oder ihren Weg zum Heiler und Tier-Kommunikator antreten oder eine Suchmaschine befragen. Schnell muss es gehen! Sofort soll es wirken, egal wie! Zeit ist Geld! Dies wiederum macht es möglich, dass Gaukler, Möchtegern-Schamanen und andere Ungeister des 21. Jahrhundert ihre mittelalterlichen Dienste am Tier anbieten können: Naturheiler und selbstberufene Nebenjob-Homöopathen, Online- Akupunkteure, Aroma-, Bachblüten-, und Tier-Psychotherapeuten, Engelsflüsterer, Auraleserinnen, telepathische Tanten und Hilfsexorzisten, die allesamt nur eines im Sinn haben: Geld zu scheffeln, und das nicht zu knapp. Was sie dazu brauchen?

Nichts. Gar nichts. Die Menschen glauben, vertrauen blind.

Dabei ist es doch allein menschliches Verhalten, das Hunde krank macht. Und nicht nur Hunde.

Laut Greenpeace „feuern riesige Schallkanonen alle zehn Sekunden auf den Meeresboden, um nach Öl zu suchen. Für Wale ist der pausenlose Lärm eine unerträgliche Qual. Wale sind abhängig von ihrem Gehör. Sie finden damit Nahrung und kommunizieren mit ihren Artgenossen. Wird es beschädigt, kann dies zum Tod führen."

Ölkonzerne tangiert das Tierleid ebenso wenig wie Sektenanhänger der Dominanztheorie die Qual der Hunde unter ihrer Führung. Generell wird gerne alles geglaubt.

Nur nicht die Wahrheit.

Psychosomatische Krankheitssymptome

Psychosomatische Krankheiten sind die Zeichen unserer schnelllebigen Umwelt, in der kein passender Platz mehr ist für Hunde. Über zwanzig Prozent der

Weltbevölkerung leidet stressbedingt an psychovegetativen Erkrankungen. Die prozentuelle Anzahl psychosomatisch erkrankter Tiere ist aber mit Sicherheit höher. Allein die Anzahl der Pferde, die dank menschlichem Missbrauch an Magengeschwüren leiden, liegt bei fast fünfzig Prozent. Es beginnt meist mit dem Auftreten undefinierbarer Beschwerden, der Hund ist irgendwie schlapp, kränkelnd, auf Futter allergisch, hat Schuppen im Fell, stumpfes Haarkleid, ist lustlos, ständig müde oder wegen kleinster Kleinigkeiten völlig überreizt. Der Tierarzt findet oft trotz sorgfältiger Anamnese keinerlei körperliche Ursache. Gerne werden die Beschwerden als harmlose Wehwehchen abgetan, als altersbedingte Beschwerden eingestuft oder die Symptome mit Cortison oder Antibiotika versuchsweise therapiert, ohne die Ursache zu bekämpfen oder den Patienten zu heilen. Nach einer Diagnostik, die durch sämtliche mögliche, meist teure oder schmerzhafte Verfahren führte (beginnend bei Röntgen, CT, MRT bis zu Infiltrationen, sinnlosen Operationen und Magen-, Darm-Spiegelungen), treten anschließend Psychotherapeuten, Neurologen, Kardiologen, Orthopäden und Internisten auf den Plan. Besitzer werden schief angeschaut und für hysterisch erklärt oder ihre Hunde als neurotisch abgestempelt. Da meist organisch nichts gefunden werden kann und niemand die eigentliche Ursache für ihre tatsächlichen Beschwerden und Schmerzen kennt, suchen sehr viele Rat und Hilfe bei Heilern, Hellsehern und unseriösen Quellen. Weil sie keinen Ausweg mehr in der Schulmedizin sehen. Man findet in dieser Liste der betroffenen Organsysteme vor allem den Magen-Darm-Trakt, den Bewegungsapparat, das Herz-Kreislauf-System und das Immunsystem.

Stressbedingte Immunschwäche zeigt sich auch gerne in vermehrter Anfälligkeit für Infektionskrankheiten aller Art sowie in akuten oder chronischen Entzündungen, wie Ohrenentzündungen, Hautentzündungen, Blasenentzündungen, Augenentzündungen oder Mandelentzündungen. Auch das weite Feld der Allergien, der Neurodermitis, von Juckreiz und Asthma bronchiale über diverse hartnäckige Futtermittel-unverträglichkeiten bis hin zu Stoffwechselstörungen gehören dazu.

Aber was kann man tun, wie kann man helfen?
Die Therapie wäre einfach und billig. Belastende Ursachen abstellen, statt Training konsequente Ruhe bieten. Oftmals sind es gerade die klugen, kreativen

Hunde, die auf diese ganz besondere Art und Weise empfindsam sind. Gerade die brauchen von Haus aus schon mehr Ruhe im Alltag sowie eine konsequent stressreduzierte Lebensplanung.

So lange, bis sich der Organismus erholt hat und wieder normal „funktionieren" kann. Dass es bei hochsensiblen hochgradig gestressten Hunden wichtig ist einen Menschen an der Seite zu haben, der selbst ausgeglichen und stressfreien ist, versteht sich fast von selbst. Ein gelassener ruhiger entspannter Mensch ist Grundvoraussetzung für die Gesunderhaltung eines hochsensiblen Hundes. Auch hier blicken wir wieder staunend Richtung Zweibeiner: nervöse Mütter haben nervöse Kinder. Ausgeglichene Mütter haben ausgeglichene Kinder. So einfach ist das. Und dennoch so schwierig in der Umsetzung.

Bindung und Vertrauen

Anstatt zu denken „Muss mein Hund immer so empfindlich sein?" könnte man lieber darüber nachdenken, wie man die Bindung und das Vertrauen des Hundes zum Menschen fördern kann. Denn wer vertraut, kann Verantwortung abgeben und sich eine

Entspannungsphase gönnen. Das funktioniert auch bei unseren Hunden so. Die lassen sich gerne führen. Aber nur, wenn sie uns vertrauen können. Und, sollte es sich um Nordische Hunderassen handeln, wenn sie es selbst für sinnvoll halten. Dazu gibt es körpereigene Unterstützung in Form von Oxytocin, das sogenannte Bindungshormon, im Volksmund auch Kuschelhormon genannt. Zudem ist es Gegenspieler von Cortisol und hat daher direkten Einfluss auf gestresste Hunde. Ein weiterer riesengroßer Vorteil von Oxytocin ist dessen Konditionierbarkeit. Dies wiederum ist recht nützlich, wenn es darum geht, diverse Entspannungssignale einzusetzen um den Stresspegel zu reduzieren. Eine gesunde artgerechte und zum Hund passende Ernährung ist ebenfalls als enorm hilfreich gegen Stress einzustufen. Wichtig ist, die Beschwichtigungsignale, die der Hund aussendet zu verstehen und auch zu respektieren. Weil eine gute Kommunikation das A und O einer Beziehung ist.

Nicht nur beim Mensch.

Vertrauensbrüche

Adoptierte Hunde müssen das Gefühl einer sicheren Familie, eines behüteten Heims erst erlernen. Wer sein ganzes Leben auf der Straße alleine gelebt hat und in allen Dingen auf sich gestellt war, wer seine eigenen Entscheidungen im Sinne von Überleben oder Sterben zu treffen gewohnt war, der kann nicht von heute auf morgen das Ruder abgeben und denken: „Nun macht mal für mich.". Was so logisch klingt wird aber unentwegt missachtet. Man schwafelt davon, wir sollen an unsere Stärken denken und in die Zukunft blicken und dergleichen mehr. Ein Hund blickt aber nicht in die Zukunft. Er blickt auch nicht in der Vergangenheit, er lebt im jetzt und hier in genau diesem Moment. Er plant nicht, er entscheidet sofort und spontan und er entscheidet meist richtig, was man vom Menschen leider keineswegs behaupten kann. Wie viele Menschen würden alleine im Wald überleben? Einige wenige von uns und die auch nur paar Tage vielleicht, alles andere ist eine nette Gedankenspielerei. Menschen sind nicht mehr überlebensfähig. Sie sind bequem, übergewichtig und faul. Sie haben keine Ahnung was man außerhalb des

235

Supermarkts oder ohne den Besuch einer Fastfood-Kette noch zu sich nehmen könnte, wie man ein Lagerfeuer macht oder ein Zelt baut. Sie fordern, aber sie geben nicht. Verständnis und Freundschaft, wo sind sie hin, wenn es um Hunde geht? Warum öffnen wir nicht unser Herz, fragen unseren Hausverstand und unser Bauchgefühl? Warum können wir nicht mehr normal mit unseren Hunden umgehen, machen aus Lappalien ein Drama und aus echten Problemen ein Problemchen? Wie anders wäre es erklärbar, dass man auf die Idee kommt ausbruchsichere Hundeboxen aus Edelstahl in Wohnungen zu stellen, um den Hund, dieses Opfer, diesen Schwerverbrecher, tagsüber darin lange Stunden einzusperren, weil er sonst die Wohnung zerlegt oder den bestenfalls vorhanden Garten umgräbt, wenn er sich alleingelassen fürchtet oder langweilt? In diese Kategorie menschlichen Wahnsinns gehört auch der Einsatz von Maulkörben. Wer immer auf diese üble Erfindung kam, er war mitnichten ein Tierfreund. Noch schlimmer sind die in Vereinen und Hundegruppen, die anraten, Hunde mehrere Tage lang mit Maulkorb dahinvegetieren zu lassen! Und glauben Sie mir, von dieser Sorte Mensch gibt es nicht nur ein paar. Sogar diverse Schlittenhundeverbände schreiten bereits zur

Tat, die Nordischen (und die dazugefügten nicht nordischen Rennhunde) nur mehr mit Maulkorb starten zu lassen. Warum? Weil sich die Hunde sonst zerfleischen? Hat man so wenig Vertrauen in seine Tiere? Und was bewirkt dieser fehlende Vertrauensvorschuss bei hochsensiblen Tieren? Stellen Sie sich vor, Sie lebten jahrelang in einem Außenzwinger in einer Holzbox gefüllt mit Pressspan oder feuchten Putzfetzen. Dann finden Sie ein neues tolles Heim. Und dort sperrt man Sie wieder ein! In den Kofferraum eines Autos, in eine Metallkiste mit kaum vorhandener Lüftung, hinten im Auto, wo ohnehin kaum Zugluft mangels Fenster hinkommen kann; und dann stapelt man noch ein paar Fahrräder oder die Bierkiste auf die Hundebox drauf oder daneben und auch die wenigen Lüftungsschlitze sind dann zu. Würden Sie da keine Panik bekommen? Würden Sie gerne da freudig einsteigen, in ein enges Loch hineinspringen, während Sie sich die Füße anschlagen und die Hüften ausrenken, weil es schon ein kleines Zirkuskunststück ist, aus dem Stand in einen Geländewagen in eine Miniöffnung zu springen, vor allem wenn man alt und krank ist oder schmerzende Gelenke hat. Und der Mensch zerrt noch ungeduldig am Halsband und plärrt „Jetzt spring endlich

237

du blöder Hund!" Würden Sie gerne mitfahren, in der heißen Sonne warten, eingeengt und verzweifelt? Ich bin oft fassungslos wenn ich diese Art der Transportmittel sehe. Kind und Kegel brüllend auf der Rücksitzbank, die Stereoanlage voll an, eine Zigarette rauchend und telefonierend startet man ins Wochenende und hinten in der Box schmort der arme Hund. Der natürlich im Auto bleibt, wenn sich alle anderen die Beine vertreten. Der sich weder umdrehen noch aufstehen kann. Was das für ein hochsensibles Tier bedeuten mag, kann man sich vielleicht am besten vorstellen, wenn man sich mal selbst eine Weile im Kofferraum eingesperrt herumkutschieren lässt.

Sie werden es nicht besonders fein finden.

Sie werden Angst bekommen, es wird Ihnen übel werden, Sie werden durstig, panisch und fix und fertig sein, wenn man Sie da wieder herauslässt.

Vielleicht werden Sie schreien und toben und klopfen und „Holt mich sofort hier raus!" kreischen.

Nur zu, probieren Sie es ruhig aus. Probieren Sie immer alles am eigenen Leib aus, was Sie Ihrem Hund zumuten und Sie werden nie wieder einen Fehler machen.

Denn erst, wenn man etwas selbst spürt, weiß man, wie es sich für den Anderen anfühlen könnte. Das wäre die

Sache doch wert. Es ist wichtig, weil es zeigt, dass wir Menschen sind. Wir sollten klüger sein als Hunde. Sind wir aber nicht. „Es ist wichtig, dass ich dich besser kenne als du mich kennst", könnte das Motto lauten.

Die gemeinsame Basis einer Freundschaft ist Bindung und Kommunikation sowie Verständnis für den Anderen.

Sind Sie nicht hochsensibel, aber Ihr Hund schon, müssen Sie eben versuchen die Dinge aus seiner Sicht zu sehen und zu erspüren. Nur dann können Sie sein Leben bei Ihnen zu einem First Class Leben machen. Sonst werden Sie scheitern.

Sein Tier zu achten bedeutet mehr als es einfach zu tolerieren. Hochachtung bedeutet, das Gute im Hund zu schätzen und nicht nur ständig nach Fehlern zu suchen, die es gar nicht gibt. Hunde machen keine Fehler. Alles was sie tun ist ehrlich und nicht berechnend. Sie tun es, weil sie Hunde sind. Hunde bellen, Hunde springen vor Freude an Menschen hoch, Hunde hauen manchmal ab und Hunde können nicht alle anderen Hunde mögen. Hunde jagen Hasen hinterher und töten Vögel und Mäuse. Katzen machen all das auch, denen nimmt man das aber nicht übel. Warum wollen wir ausgerechnet aus Hunden Menschen machen? Wer mit angeborenen

Trieben wie Sexualtrieb, Jagdtrieb und Spieltrieb nicht klarkommt sollte keinen Hund halten. Wer seinen hochsensiblen Hund für etwas bestraft, was in seinen Genen steckt, hat keine Ahnung von Hunden. Wer aus seinem Hund einen Soldaten machen will, der ständig willenlos Befehle ausführt, der gleicht eher einem psychisch gestörten kontrollsüchtigen Täter, der durch den Drang nach Dominanz getrieben wird und dabei sehr labil und gefährlich agiert. Solche Menschen sehen nicht nur das Leid ihrer Tiere nicht, sie haben auch kein Problem damit diese bei mangelnder Kontrolle durch den Tod des Tieres zu ersetzen. Passt nicht, gibt's nicht. Was so ein Mensch für einen hochsensiblen Hund bedeutet ist klar.

Seine Seele wird gebrochen.

Der Hund wird ständig krank sein und irgendwann traurig, aber gehorsam sterben.

Lesen Sie in irgendeinem Inserat eine Anzeige die Hunde vermitteln oder verkaufen will „Braucht eine strenge Hand" oder „Muss rassespezifisch voll ausgelastet werden" wissen Sie schon, dass es sich um so ein bedauernswertes Exemplar von Hund handelt, der es ganz sicher keinen einzigen Tag schön hatte. Und der wahrscheinlich weiterhin ein nicht besonders tolles

Leben führen darf, wenn er in anderen „strengen
Händen artgerecht ausgelastet" wird.

Ihn erwartet nichts, was er nicht schon kennt: Drill und
Erschöpfung.

Nur keine Liebe.

Retten Sie ihn.

DIE SCHULD LIEGT NICHT BEIM WOLF, SONDERN BEIM FÜHRER

Eine traurige, makabre Redewendung, wie Sie gleich merken werden. Adolf reloaded! Er ist wieder da! Denn die bedenklich große Mehrheit der Menschen glaubt immer noch an die Erziehung des Hundes durch totale Unterwerfung, also die klassische veraltete Dominanztheorie. Schuld daran trägt nicht der Vorfahre des Hundes, der Wolf, der dadurch unabsichtlich zum Leidverursacher der Haushunde wurde. Dem man die Schuld in die Pfoten schieben wollte, da bezugnehmend auf wölfisches Verhalten Hunde weltweit als dumme Wölfe hingestellt wurden (und werden!) und man sie auch so behandelt. Klappt mal was nicht gleich mit dem gewünschten Verhalten, schon zieht man den Wolf als Beispiel heran. Die Schuld kommt hingegen direkt aus dem Führerhauptquartier Adolf Hitlers, genauer gesagt von Franz Müller-Darß, Mitglied der NSDAP. Dieser legte in der Nazizeit eine steile Karriere hin und stieg 1936 direkt zum SS-Standartenführer im Stab von Heinrich Himmler auf, wo er als „Hundemüller" seine Dienste nicht allein am Dienst für das deutsche Volk versah. Hundemüller wirkte auch eifrig im Dienst-,

Militärhunde- und Jagdwesen mit, wo er seine selbst ausgedachten kruden Ideen über Hunde an Wachhunden, die in diversen Konzentrationslagern als mannscharfe Killer einsetzbar sein mussten, umsetzte. Diese Karriere allein sollte eigentlich ausreichen als Erklärung für die barbarische Brutalität und Unterwerfung eines Lebewesens.

Und weil damals Waffen an der rechten Körperseite getragen wurden, müssen Hunde bis heute in diversen Hundevereinen und Jägerverbänden auf der linken Seite laufen. Nicht weil es schick ist, es oder dort weniger staubt oder gar weil die gefährliche Fahrbahn rechts liegt. Hundemüller tat sich eines Tages mit Oberst Konrad Most zusammen und die beiden verfassten das Standardwerk der braunen deutschen Hundeszene, nämlich „Abrichten und Führen des Jagdhundes", dessen inhaltlich kaum zu überbietender Schwachsinn sich unglaublicherweise direkt bis in die Gegenwart hartnäckig verbreitet hält.

John Bradshaw, einer der weltweit angesehensten Wissenschaftler und Forscher an der Universität in Bristol England, reagierte 2012 mit seinem Buch „Hundeverstand" (Kynos Verlag; Auflage: 1., Auflage 2012) auf diese Theorie der „Dominanz", die vor allem von Trainern und selbsternannten Experten weiter verbreitet wurde. Auch er stellte fest, *„dass man in diesen Kreisen der Meinung war und ist, der Hund sei ein Wesen, welches man permanent dominieren und unterdrücken müsse"* und erklärt, *„dass „dominante" Hunde in der Regel "ängstlich" und nicht "ehrgeizig" sind. Sie wollen nicht Menschen kontrollieren, sie wollen ihr eigenes Leben kontrollieren. Danach streben wir alle – die Kontrolle über unser eigenes Leben zu behalten, ist ein fundamentaler biologischer Drang… Sinn und Zweck eines Hundes als Haustier ist doch, dass er unser Freund wird, nicht unser Sklave. Bei meinen Recherchen fand ich heraus, dass dieser Trainingsansatz ursprünglich von Oberst Konrad Most stammte… Dieser hatte vor über 100 Jahren die Behauptung aufgestellt, dass ein Mensch einen Hund nur dann kontrollieren kann, wenn der Hund von der körperlichen Überlegenheit des Menschen überzeugt ist. Er leitete diese Idee aus den Berichten zeitgenössischer Biologen über wilde Wolfsrudel ab. Zu dieser Zeit glaubte man, dass jedes Rudel von einem einzigen Wolf dominiert wird, der die anderen Wölfe einzig und allein dadurch kontrolliert, dass er bei ihnen Furcht erzeugt."*

Heute weiß man zum Glück längst, dass Wölfe im Familienverband leben und es keinen Alphawolf gibt. Also einige wissen es. So wie es aussieht, haben diese Erkenntnis aber höchstwahrscheinlich achtzig Prozent der Hundebesitzer noch immer nicht verinnerlicht oder wollen es schlicht und ergreifend einfach nicht glauben, wo doch die Dominanztheorie so viel plausibler klingt und von Millan das unschöne Herrenwort „Dominanz" durch einen munteren, zeitgeistig nachhaltigen und modernen Terminus wie „Disziplin" aufgefrischt wurde. Ausführlich wurde dieses Wissen um den Familienverband der Wölfe von Dr. David Mech, Wissenschaftler des U.S. Geological Survey und Gründer und Vizevorsitzender des Internationalen Wolf Center (www.wolf.org), beschrieben, der seit 50 Jahren über die Biologie der Wölfe forscht und mehrere Bücher und Artikel über sie veröffentlichte. Unter anderem veröffentlichte er 1999 den Artikel „Alphastatus, Dominanz und Arbeitsteilung im Wolfsrudel" im Canadian Journal of Zoology um formell die Fehlinformation über den „Alphawolf" in der wissenschaftlichen Literatur zu korrigieren. 2000 folgte der Artikel „Canis lupus, Packs" in Canadian Field Naturalist", in dem er noch genauer auf die Rolle der

Elternwölfe in der Sozialstruktur des Rudels einging. Zum falschen Terminus des Alphawolfs, den Dr. Mech irrtümlich selbst in die Welt setzte und nachträglich auch revidierte, der aber genau wie die Dominanztheorie in den Gehirnen der Menschen bis heute festgebrannt scheint, meinte er, „dass es gewöhnlich 20 Jahre dauert, bis neue wissenschaftliche Erkenntnisse, einschließlich medizinischer Durchbrüche, allgemeine Akzeptanz erlangen". Die Jahre sind nun aber längst um. Geändert hat sich hingegen nicht viel. Und gleiches scheint sich auch für das Dominanz-Konzept zu bewahrheiten. Die deutschen Erfinder der Dominanztheorie waren so erfolgreich in der weltweiten Verbreitung ihres Humbugs vom dominanten Hund, den es jedenfalls zu unterwerfen gab, auf dass er nicht die Weltherrschaft an sich reiße, dass er unausrottbar scheint. Dass sich die These hartnäckig hält und weiterhin halten wird, davon zeugen noch heute allein die „Unterordnungskurse" querfeldein durch sämtliche österreichische und deutsche Hundeschulen. Schauen Sie mal nach im Netz, wie viele „Hundeschulen" selbsternannter Trainer auf ihrer Homepage von blauäugigen Huskys und der erlernten Beißhemmung ab der achten Woche plappern. Dort also wird Hundeführern gelehrt wie der Hase läuft in der

Hundewelt. Nicht zuletzt wurde das Thema Dominanz als unendliche Geschichte seit Jahren fleißig aufgewärmt und offensichtlich blinden Bürgern im Nachmittagsfernsehen als leichte Kost serviert. Millan, der sich gerne als Retter aller aggressiven und „dominanten" Hunde feiern lässt, (was eigentlich am Verstand sämtlicher Staatsbürger, die ihm zujubeln, zweifeln lässt), macht es möglich, dass die braunen Theorien von Most und Müller-Darß nachhaltig wirken konnten und ihre erfundene Theorie bis zum heutigen Tag in der Gebrauchshunde-, und Schutzhundeausbildung in sämtlichen Hundevereinen gültig sind. Heute nennt man das Scharfmachen von Hunden durch Privatpersonen (oder solche mit Online-Trainerdiplomen vulgo ohne Ausbildung) einfach Schutzhundesport. Das Ergebnis bleibt aber gleich, wenn Hunde ihre Zähne in gepolsterte Gliedmaßen schlagen sollen, ob man es nun „Mannschärfe" oder Schutzhundesport nennt. Zu dieser "Ausbildung", ebenso freundlich als "Hundesport" verharmlost, gehören auch die vielgerühmten Unterordnungskurse (Teil eins bis unendlich), für die man bei nachweislich abgelegter Begleithundeprüfung in Österreich sogar vom Staat ein Jahr lang die verpflichtende Hundesteuer erlassen bekommt! Motto: Unsere Hunde müssen parieren!

Ein kurzer Einblick sagt mehr als tausend Worte:

Begleithundeprüfung auf dem Übungsplatz, Gesamtpunktezahl 60: Jede Einzelübung beginnt und endet mit der Grundstellung. Der Hund sitzt auf der linken Seite gerade neben seinem HF mit dem rechten Schulterblatt in Kniehöhe. Das Einnehmen der Grundstellung ist zu Beginn jeder Übung nur einmal erlaubt. Die Endgrundstellung der vorhergehenden Übung kann als Ausgangsgrundstellung der folgenden Übung verwendet werden. Körperhilfen des HF sind nicht gestattet, werden sie angewandt, erfolgt ein Punkteabzug. Das Mitführen von Motivationsgegenständen oder Spielgegenständen, sowie das offensichtliche Mitführen von Futter ist nicht gestattet. Kann ein Hundeführer aufgrund körperlicher Behinderung einen Übungsteil nicht korrekt ausführen, so hat er dies vor Beginn der Prüfung dem Leistungsrichter mitzuteilen. Lässt eine Behinderung des Hundeführers das Führen des Hundes an der linken Seite des Hundeführers nicht zu, so darf der Hund analog an der rechten Seite geführt werden. Ist der Hundeführer auf einen Rollstuhl angewiesen, kann der Hund auch neben einem Rollstuhl geführt werden. Der Leistungsrichter gibt die Anweisung zu Beginn einer Übung. Alles weitere, wie Wendungen, Halt, Wechseln der Gangart usw. wird ohne Anweisung des Leistungsrichters ausgeführt. Es ist jedoch dem Hundeführer gestattet, diese Anweisungen vom Prüfungsleiter zu erfragen. Das Loben des Hundes ist nach jeder beendeten Übung erlaubt. Danach kann der Hundeführer eine neue Grundstellung einnehmen. Zwischen Lob und Neubeginn ist ein deutlicher Zeitabstand (mindestens ca. 3 Sekunden) einzuhalten. Zwischen den Übungen muss der Hund bei Fuß geführt werden.
1. Leinenführigkeit (15 Punkte)Empfohlenes Hörzeichen „Fuß", wobei jedes andere Hörzeichen erlaubt ist, jedoch muss für das Angehen jeweils dasselbe Hörzeichen gegeben werden. Von der Grundstellung aus hat der am tierschutzgerechten handelsüblichen Halsband oder Brustgeschirr angeleinte Hund seinem Hundeführer auf das Hörzeichen für Angehen freudig zu folgen. Das Halsband darf nicht auf Zug gestellt sein und muss locker am Hals

anliegen. Zu Beginn der Übung hat der Hundeführer mit seinem Hund 40 bis 50 Schritte geradeaus zu gehen, ohne zu halten, eine Kehrtwendung zu machen und nach 10 bis 15 Schritt den Laufschritt und den langsamen Schritt zu zeigen, mindestens jeweils 10 Schritte. In der normalen Gangart sind mindestens eine Rechts-, Links- und Kehrtwendung auszuführen. Der Hund hat stets mit dem Schulterblatt in Kniehöhe an der linken Seite des HF zubleiben. Er darf nicht vor, nach oder seitlich laufen. Die Kehrtwendung ist vom HF als Linkskehrtwendung zu zeigen. Nur beim Angehen und beim Wechsel der Gangart, sowie bei den Richtungsänderungen ist dem Hundeführer ein Hörzeichen gestattet. Bleibt der Hundeführer stehen, hat der Hund sich schnell ohne Einwirkung des Hundeführers zu setzen. Der Hundeführer darf hierbei seine Grundstellung nicht verändern und insbesondere nicht an den eventuell abseits sitzenden Hund herantreten. Die Führerleine ist während des Führens in der linken Hand zu halten und muss locker durchhängen. Auf Anweisung des Leistungsrichters geht der Hundeführer mit seinem Hund durch eine Gruppe von mindestens vier Personen. Der Hundeführer hat in der Gruppe mindestens einmal, und zwar zwischen den Personen zu halten. Die Gruppe hat sich am Stand zu bewegen. Zurückbleiben, Vordrängen, seitliches Abweichen des Hundes, sowie zögerndes Verharren des Hundeführers bei Wendungen sind fehlerhaft." (Auszug aus http://www.oekv.at/uploads/media/downloads_ordnungen/Begleithundepruefu□ ng)

Es reicht nämlich nicht, dass der Hund freudig neben seinem Menschen läuft, herbeikommt, wenn man ihn ruft oder sich hinsetzt, wenn man ihn dazu auffordert. Das wär ja auch zu einfach. Lasst es uns lieber kompliziert und möglichst schwierig für das Tier machen! Was der obige Auszug wohl deutlich veranschaulicht.

Unbedingter, blinder Gehorsam in mühsames

Amtsdeutsch gepresst, schwer nachvollziehbar, veraltet und völlig unnötig. Aber ja doch, hier wiehert er wieder, der altbekannte österreichische Amtsschimmel der Bürokratie. Menschen im 21. Jahrhundert wollen keine tierischen Freunde, die wollen immer noch reine Befehlsempfänger. Heute mehr denn je, blickt man nur kurz auf die Kommentare und Aussagen der Millanistas. Um schnelle und vollkommene Unterwerfung zu erreichen sind alle Mittel recht: vom verbotenen Stachel- und Kettenwürger bis zum verbotenen Stromschlag, den Jäger auch heute besonders gerne benutzen. Wer kontrolliert das schon! Wem fällt das auf! Hauptsache bei der Prüfung läuft alles rund. Das Unternehmen „Unterdrücke deinen Hund" erinnert stark an die „Schwarze Pädagogik" der siebziger Jahre wo es als Erziehungsmethode gang und gäbe war mit Gewalt und Einschüchterung auch Kinder zum absoluten Gehorsam zu erziehen. [6]Wer nicht gehorchte, wurde gezüchtigt. Man prügelte also Kinder gleich wie Hunde. Auch die Kinder wurden gedemütigt, geschlagen und erhielten keine Nahrung und auch keinen menschlichen Kontakt. Pädagogik, die Kinder nicht ernst nimmt, ihnen das Recht des Widerspruchs und der eigenen Gedanken abspricht, und die zugleich jeden Totalitätsanspruch, egal ob dieser Leistung oder Disziplin heißt, nicht als das erkennt und bezeichnet, was es immer schon war und immer sein wird: Missbrauch! Nun fragt man sich, wieso moderne Menschen überhaupt auf dermaßen brutale, kranke, asoziale Theorien und Thesen kommen. Die Antwort kennen Sie ja bereits. Es waren die Überlieferungen der Nazis. Übertragen in die Gegenwart kann es da wohl nur noch sehr wenig erstaunen, dass sich die Dominanztheorie so beharrlich hält. Was die Dominanztheorie und ihre Anhängerschaft an einem hochsensiblen Hund anrichten kann ist wohl mehr als klar. Sie richten ihn konsequent und zielstrebig zugrunde, während sie im selben Atemzug lächelnd von ihrer großen Tierliebe sprechen.

Abschließend bleibt nur noch zu erwähnen, dass auch Adolf Hitler seine Hunde abgöttisch liebte. Ob es nun Prinz, Muck oder Blondi waren, die der Führer mehr schätzte als Menschenleben, sie alle bezahlten dafür einen hohen Preis. Blondi wurde von Adolf gar so sehr geliebt, dass er sie lieber mit Zyankali vergiften ließ statt sie alleine zurückzulassen. Aber nicht einmal dazu war er stark genug.

„Im Waschraum des Kanzleibunkers öffnete Feldwebel Fritz Tornow Blondis Schnauze und Hitlers Begleitarzt

Werner Haase zerdrückte mit einer Zange auf Blondis Zunge eine Zyankalikapsel. Blondi starb am selben Tag wie Adolf Hitler, ihre fünf Welpen starben kurze Zeit später." [7] Sie wurden von den Alliierten erschossen. Offensichtlich fürchtete man damals schon die Machtübernahme durch Hunde.

HOCHSENSIBLE HUNDE UND KOMMUNIKATION

Dass Hunde genau wie Wölfe mit Calmings signals (Beschwichtigungssignale) miteinander und auch mit den Menschen kommunizieren ist hinlänglich bekannt. Dass Menschen diese einfache Sprache der Tiere meist weder kennen noch sie richtig interpretieren leider auch. Die wenigsten wissen, dass Gähnen, Schnüffeln, Kopf wegdrehen oder Kratzen nicht nur Mittel zum Zweck sondern auch Kommunikation sind. Es gibt darüber ausreichend Fachliteratur und auch unzählige Beispiele, wie Menschen, allen voran die großartigen Flüsterer, die verzweifelt ausgesandten Beschwichtigungs-, und Sprachsignale der Hunde ignorieren. Oder sogar als Dominanzgeste auslegen. Mit der menschlichen Kommunikation untereinander sieht es nicht viel besser aus; ganz schnell ist der Stinkefinger allerorts sichtbar. Normal geredet wird kaum noch, eher geschrien und geschlagen. Ein gutes Beispiel für den Verfall der menschlichen Kultur ist der neue US-Häuptling mit der Artikulation der Gosse. Aber das ist eine andere Geschichte. Oder nur Grund für eine perfekte Ausrede für Verbalattacken, wo doch der mächtigste Mann Amerikas als leuchtendes Beispiel voran geht.

Ginge auch anders.

Marshall B. Rosenberg zum Beispiel entwickelte das Konzept der gewaltfreien Kommunikation[8] (GFK) mit dem Ziel, Menschen zu ermöglichen, *„so miteinander umzugehen, dass der Kommunikationsfluss zu mehr Vertrauen und Freude am Leben führt."* Diese sehr hilfreiche Form der zwischenmenschlichen Kommunikation die *„sowohl bei der Kommunikation im Alltag als auch bei der friedlichen Konfliktlösung im persönlichen, beruflichen oder politischen Bereich"* einsetzbar ist, ließe sich auch im Tierreich anwenden. Und zwar nicht, um Hunden damit etwas verbal beizubringen, sondern um ihnen etwas beizubringen, nachdem wir zuerst ihr Verhalten (ihre ausgesandten Beschwichtigungssignale zum Beispiel) und dann unsere Reaktion (Wut, Zorn, Ungeduld) darauf gründlich hinterfragt haben. Bevor wir handeln oder überhaupt mit ihnen kommunizieren.

Aber werfen wir vorher ganz kurzen einen Blick ins Reich der Insekten. Dort fand man jüngst heraus, dass Hummeln lernen können, einen winzigen Ball (für Hummeln aber groß genug) in ein Loch zu rollen, um eine Zuckerlösung zu erhalten. [9] Dieses Experiment britischer Forscher zeigt, wie intelligent Hummeln sind. Im Versuch waren die Hummeln am erfolgreichsten, die eine andere Hummel beobachtet hatten. Die Hummeln wurden dabei selbstständig immer besser und zeigten deutlich mehr Lern- und Anpassungsfähigkeit, als es in ihrer Umgebung überhaupt für sie notwendig war. Von hummeldumm sind die Insekten also weit entfernt. Sie lassen sich von Menschen sogar etwas beibringen. Hunde übrigens auch. Hunde sind gar keine dummen Wolfsableger. Auch Hunde ahmen das Verhalten anderer Hunde nach. Und zwar nur dann, wenn es ihnen auch sinnvoll erscheint. Bisher dachte man nur Menschenaffen verfügen über diese Fähigkeit, Absichten und Ziele anderer zu verstehen, galt doch das Phänomen des „selektiven Imitierens" bisher als alleiniges Vorrecht menschlicher Intelligenz. Was nun erfolgreich widerlegt wurde. Und man staunte nicht schlecht, als sich herausstellte, dass Hunde sogar noch mehr als Menschenaffen selektierten, was für sie nachahmenswert war. Verhaltensforscher in Wien und Budapest leiten nun aus einer Studie[10] mit Hunden ab, dass auch Hunde selektiv imitieren. Ebenso wie Kinder ahmen sie nicht einfach nach, was sie sehen, sondern sie wählen unter dem Beobachteten aus, was für sie Sinn macht, und imitieren nur diesen Teil einer Aktion. Hunde haben also nicht nur den Verstand von Kleinkindern, was oft angezweifelt wird, sondern sie imitieren genau wie Kleinkinder durch Nachahmungs-verhalten. Was endlich den Beweis dafür liefert, dass Hunde, genau wie kleine Menschen, durchaus einen Sinn für die Absichten ihrer Artgenossen besitzen. Und wenn es sich um hochsensible Hunde handelt, die meist auch noch hochintelligent sind, bedeutet diese Tatsache, gepaart mit der wissenschaftlichen Erkenntnis, dass unsere Hunde auch die menschliche Sprache genau verstehen, dass es hier jede Menge aufzuarbeiten gibt was Hundehaltung und Hundeerziehung betrifft. Es bedeutet, dass unsere Vierbeiner unterschätzt wurden und dass, wenn man ihnen diese Fähigkeiten auch ohne Studien und Beweise zusprach, stets das Wort Vermenschlichung fiel. Hunde sind aber die unerforschteste Spezies der Welt. Was wir ihnen an Grausamkeit und Unwissenheit zumuten und antun ist nie wieder wirklich gutzumachen. In den Augen unserer Vierbeiner müssen wir wie komplette Idioten wirken, die ihnen ständig brutal, bei allem was sie tun, in den Rücken fallen. Obwohl sich die Hunde, nach

Hundekodex und trotz verzweifelter Aussendung von Beschwichtigungssignalen, völlig korrekt verhalten. Das ist besonders traurig, da immer noch sehr viele an der hochintelligenten Spezies Hund zweifeln. Sonst würden sie nicht versuchen sie mittels Würgeschlinge, Elektroschocker und anderen Folterinstrumenten zu unterwerfen und zu beherrschen anstatt sich an ihrer einmaligen Freundschaft dankbar zu erfreuen. Aber zurück zur Gewaltfreien Kommunikation, bei der es nicht darum geht, „andere Menschen zu einem bestimmten Handeln zu bewegen, sondern eine wertschätzende Beziehung zu entwickeln, die mehr Kooperation und gemeinsame Kreativität im Zusammenleben ermöglicht." Und genau darum sollte es doch auch in der Sprache Hund-Mensch gehen. Wunderbar passend auch die für gewaltfreie Kommunikation verwendeten Bezeichnungen „Einfühlsame Kommunikation", „Verbindende Kommunikation", „Sprache des Herzens". Die vier Schritte der GFK sind Beobachtung, Gefühl, Bedürfnis und Bitte. GFK bedeutet, an der menschlichen Impulskontrolle zu arbeiten, nicht an der hündischen. Rosenberg fasst die Schritte der GFK in folgendem Satz zusammen: „Wenn ich a sehe, dann fühle ich b, weil ich c brauche. Deshalb möchte ich jetzt gerne d."

(a=Beobachtung; b=Gefühl; c=Bedürfnis; d=Bitte)

Für empathisches Zuhören empfiehlt Rosenberg, aus dem, was der andere sagt, diese vier Informationen herauszufiltern, da sie in der Regel das Herz der Botschaft darstellen.

Umgesetzt auf die Kommunikation mit unserem Hund bedeutet das:

a)Ich spüre, dass der Hund an der Leine zieht

b)Ich fühle Ärger und Zorn in mir hochsteigen

c)Ich will nicht gezogen werden, sondern langsam gehen

d)Ich finde heraus, warum der Hund so zieht

Was aber macht der Mensch? Er zerrt den Hund an der Leine zurück. Regt sich auf, weil er sich ärgert und noch ärgerlicher wird, wenn es nichts nützt, am Hund herumzuzerren. Anstatt ruhig zu bleiben und die Situation zu analysieren, denn dieses Verhalten ist ja nicht einmalig, sondern wiederholt sich mehrmals täglich. Statt sich zu ärgern oder sinnlos an der Leine zu rucken (hier gilt wieder: Zug erzeugt Gegenzug und Gewalt erzeugt Gegengewalt) könnte ich mich darauf einstellen, den Grund herauszufinden. Weshalb und wann genau zieht der Hund an der Leine? Dann könnte ich diesen Grund meiden oder den Hund durch positiv besetztes Training langsam und ruhig dazu bringen, sein

Verhalten einzustellen. Beispielsweise vermittelt die gefährliche und allseits beliebte Flexi-Leine dem Hund ständig das Signal „Zug". Der Hund läuft also immer auf Zug, auch wenn er ganz normal geht. Abgesehen davon kann dieses Ding hochgradige Verbrennungen an menschlichen und tierischen Gliedmaßen verursachen und dem Hund ein schweres seelisches oder körperliches Trauma zufügen, wenn es dem Menschen zufällig aus der Hand fällt und dem Hund plötzlich mit Vollgas um die Ohren fliegt. Dann gibt es wirklich Grund sich aufzuregen, denn das tut weh! Wer sich aber oft aufregen muss, lebt kürzer. Das gilt auch für unsere Hunde[11]. Kanadische Zoologen erbrachten den Beweis, dass brave Rassen eine höhere Lebenserwartung als aggressive Rassen haben. Untersucht wurde der Zusammenhang zwischen Aggressivität, Gehorsam und Aktivität. Das Ergebnis war eindrucksvoll: *„Gehorsamere Hunde wie Schäferhund und Bichon Frisé leben relativ zu ihrer Körpergröße länger als andere.*

"Schwererziehbare" Rassen wie Beagles oder Zwergspitze hingegen sterben früher als gleich große andere. Friedliche Hunde wie Neufundländer und Labrador verbrennen pro Kilogramm weniger Energie als aggressive wie Foxterrier und Dänische Dogge."

Umgesetzt auf hochsensible Hunde, die unter allen Rassen vorkommen, bedeutet es, dass gestresste hochsensible Hunde noch viel früher sterben, wenn sie zusätzlich zu den sogenannten schwer erziehbaren Rassen gehören. Darum ist es für uns Menschen besonders wichtig, ein Auge darauf zu haben, hochsensiblen Hunden ein möglichst stressfreies Umfeld zu ermöglichen. Keine leichte Übung in einer Großstadt mit lauter „Meiner macht eh nix-en", und allwissenden gewaltverherrlichenden Menschentypen würde ich mal sagen. Haben Sie also ein hochsensibles Tier zuhause, das Probleme mit Artgenossen, Menschen und Maschinen hat, ist es auf jeden Fall besser, sich ein Auto zuzulegen und täglich aus der Stadt zu flüchten, um friedliche stressfreie Spaziergänge zu ermöglichen ohne den Hund (und letzten Endes sich selbst) bei jedem Spaziergang an der Leine einem Martyrium auszusetzen. Und dabei nur zu erreichen, dass sich sein Verhalten zwar nicht ändert, dafür aber seine Lebenserwartung drastisch sinkt. Und zwar genau so lange, bis der Hund entspannt genug ist, um dank einer ausreichenden Vertrauensbasis neue Kontakte aus der Ferne zuzulassen, welche dann in winzigen Schritten immer weiter ausgebaut werden können. Bis

Hundebegegnungen (mit Einschränkungen) wieder möglich werden. Das kann dauern. Möglicherweise sehr lange.

Genau das ist auch der Grund warum bei manchen schwer vermittelbaren Tierheiminsassen die Bedingung lautet, das Tier sei nur außerhalb der Stadt in ein eingezäuntes Grundstück abzugeben. Weil es dort die nötige Ruhe finden soll. Und nicht alle Menschen das Wissen, die Zeit und das Einfühlungsvermögen besitzen, einem schwer gestressten Hund mit Geduld und Liebe verständlich zu machen, dass andere Hunde eigentlich auch ganz nett sein können.

Damit diese Hunde nicht wieder zurück ins Heim wandern.

Oder, noch schlimmer, in den Klauen eines Dominanzanhängers landen.

TIPPS FÜR DEN UMGANG MIT HOCHSENSIBLEN HUNDEN

Durch meine langjährige Erfahrung mit einem eigenen hochsensiblen Hund aus dem Auslandstierschutz habe ich vor allem eines gelernt: ruhig zu werden und auch ruhig zu bleiben- egal, was passiert. Dies auch anzuwenden fällt manchmal ungeheuer schwer, wenn man sich an so manchen Tagen fragt, warum der Hund gerade heute wieder so unleidig gestresst den Teppich vollkotzt sobald er das Haus verlassen soll, oder er die Fliegen schräg gegen die Wand fliegen sieht, als gäbe es ringsumher tausend schwarze Gespenster. Er tut diese Dinge aber nicht absichtlich oder um zu nerven. Tatsächlich sind sehr viele hochsensible Hunde wetterfühlig und kolikanfälliger als unsensible Vertreter und hören praktisch das Gras wachsen. Wird es heiß, kommt der Durchfall. Wird es kalt, kommt er auch. Naht ein Gewitter, wird erbrochen. Wechselhaftes Wetter bedeutet ebenfalls Erbrechen und Durchfall. Da hilft dann nur eines: sich ins Gedächtnis rufen, dass wir Menschen ja auch nicht immer gut gelaunt sind und uns ständig wohlfühlen. Ein Blick in die vorbeibrausenden Autos reicht um zu sehen, dass die meisten Menschen aggressiv und schlecht gelaunt dahinrasen oder zumindest sehr böse dreinblicken. Wenn sie nicht gerade am Steuer telefonieren. Von guter Laune keine Spur, beim Hund hingegen wird das immer vorausgesetzt. Warum eigentlich? Nur Nichts kostet kein Geld, verschwendet keine Zeit, geht nicht auf die Nerven, verbraucht keinerlei Ressourcen und ist damit das ultimative nachhaltige Produkt. Die meisten hochsensiblen Hunde sind aber nicht so pflegeleicht wie

Nichts, brauchen mehr Ruhe und gehen deshalb lieber nach Hause anstatt selbiges zu verlassen. Dies ist nicht verwunderlich, gleicht das Leben hochsensibler Menschen meist dem von Einsiedlermönchen. Sie wären zwar gerne Jeanne d'Arc oder King Arthur, aber nur in ihrer Phantasie. Alles andere ist leider viel zu anstrengend. Oft werden hochsensible Menschen mit zerbrechlichen empfindlichen Blumensorten verglichen, mit Orchideen oder ähnlichem, ich würde sie eher den Avocados zuordnen. Wenn Sie je darüber gelesen haben wie schwierig es ist, eine Avocado zu ernten, richtig zu lagern und auf einen Transport zu schicken, dann wissen Sie, dass der Vergleich gerechtfertigt ist. Nach außen hin sieht man der Avocado nichts an. Sie sieht stabil und stark aus. In Wahrheit ist es fast eine Wissenschaft sie zum Wachsen zu bringen und sie dann bis zum Verkauf am Leben zu erhalten. Ein wunderbarer Artikel in der „Zeit" brachte es auf den Punkt: *„Die Avocado gibt die leichtfüßige Schönheit. Sie ist sanft, ihr Geschmack ist unaufdringlich, sie ist nicht sauer, nicht scharf, nicht bitter, sondern ein bisschen nussig und ein bisschen süß. Man braucht nicht mal ein Messer, um sie zu verzehren: Sie ist so anschmiegsam, dass man sie einfach löffeln kann. Und obwohl sie cremig ist wie ein*

üppiger Pudding, macht sie nicht dick.
Ernährungsphysiologisch ist sie unschuldig wie ein
Salatblatt. Soweit die Avocadofantasie. In der
Wirklichkeit ist die Avocado die ungefähr 400 Gramm
schwere Beere eines immergrünen Laubbaumes. Dieser
Baum muss irgendwo wachsen, und wie jeder Baum
braucht er Erde, Luft und Wasser. Eine Avocado braucht
noch viel mehr. In der realen Welt der
landwirtschaftlichen Produktion hat sie gar nichts
Müheloses. Im Gegenteil." [12]

Abgesehen davon, dass ich es charmanter finde
hochsensible Lebewesen mit langlebigen,
vitaminhaltigen Beeren statt mit schnell verwelkenden
Blumen zu vergleichen.

Und weil wir HSM so empfindlich sind und auf alle Reize,
die das Leben gerne bereit hält sehr extrem reagieren
(müssen), kann sich der Mensch gegebenenfalls dezent
zurückziehen und das Haus nur mehr verlassen, wenn
er wirklich muss. Zum Glück gibt es für fast alles, was
man so zum Leben braucht, Zustelldienste.

**Der Hund kann das nicht, der muss immer, wenn
sein Mensch will.**

Auch wenn er nicht will und lieber im sicheren Heim
bliebe. Gelegentlich errichten HSM auch außerhalb ihres

Heims Schutzburgen, in die sie sich zurückziehen können um sich abzugrenzen. Sei es nun das Zuhause des allerbesten Freundes oder das eigene Automobil. Im Falle des Autos scheint es daher fast logisch, dass ich Zeit meines Lebens eine unendliche Liebe zur Marke Land Rover hege. Ein Auto, das alles aufweist, was ich brauche. Es ist stark, sicher und bietet auch unter den widrigsten Bedingungen zuverlässig Schutz. Man kann sich auf Permanentallrad und erhöhtes Sichtgefühl genauso verlassen wie auf Traktionskontrolle, Beständigkeit, totale Belastbarkeit und Überblick. Unverwüstliche konstante Dinge, verlässlich und genau, aber ohne dabei zu langweilen- genau das braucht man als HSM.

Was bedeutet das für den Umgang mit einem hochsensiblen Hund?

Das will ich im nun anhand einiger typischer Beispiele und Krankheitssymptome erklären.

Reizmagen und Reizdarm

Reizmagen (funktionelle Dyspepsie; FD) und Reizdarm (Colon irritabile; RDS) gehören zu den häufigsten Beschwerdebildern bei hochsensiblen und gestressten

Menschen. Wenig verwunderlich, aber immer noch als eingebildet abgetan, findet man sie auch beim massiv gestressten Hund. Je sensibler der Hund, desto eher ist er schnell gestresst. Ist er hochsensibel, potenziert sich die Wahrscheinlichkeit um ein Vielfaches. Das erklärt, warum so viele Tierheimhunde, kaum im neuen Zuhause angekommen, unter Magen-, und Darmproblemen leiden, sich täglich übergeben müssen oder unter unerklärlichen Durchfällen leiden. Wer draußen immer Stress hat, bleibt lieber drin. Ist das nicht möglich, oder gehört der Hund zu dem seltenen hochsensiblen extravertierten Typ, der zwar sehr gerne draufgängerisch unterwegs ist, aber dafür immer mit seiner Gesundheit bezahlt, wird er sich bei jedem Ausgang aufregen.

Aufregung schlägt, genau wie Ärger, sprichwörtlich auf den Magen.

Wer Angst hat oder sich nicht wohl fühlt, der hat keinen Appetit und will auch nichts essen. Oder er verschlingt sein Essen aus lauter Furcht, dass es ihm gleich wieder weggenommen wird. Wer im Tierheim gelitten hat, wird auch sein neues sicheres Heim dem unsicheren Draußen vorziehen, bis er sein Trauma bewältigt hat oder seinem neuen Menschen trauen kann. Kummer und Stress schlagen auf den Magen! Ein Reizmagen zeichnet sich durch immer wiederkehrende Schmerzen und Übelkeit oder ein chronisches Unwohlsein aus, ohne dass organische Ursachen gefunden werden können. Oftmals ähneln die Symptome denen eines Reizdarms und treten gemeinsam auf. Die Hunde leiden vor allem unter Bauchschmerzen sowie saurem Aufstoßen, Appetitlosigkeit und Abneigung gegenüber bestimmten Speisen. Nächtliche Unruhe, lautes Schmatzen, hochwürgen von Magensäure, Übelkeit und Erbrechen sind an der Tagesordnung. Häufig zeigen sich auch Symptome wie Blähungen, Durchfälle oder Verstopfung. Vegetative Störungen können das Krankheitsbild begleiten, diese entstehen, wie schon mehrmals erwähnt, durch die ständige starke Reizung des vegetativen Nervensystems und äußern sich in Herzrasen, Kreislaufproblemen oder vermehrtem Hecheln. Logisch, dass ein ohnehin leicht erregbares Nervensystem beim hochsensiblen Hund ganz besonders anfällig für diese erregungsbedingten Störungen im Magen-Darmtrakt ist. (Nicht zu den typsichen Reizdarmsymptomen gehören übrigens Blut im Stuhl und Gewichtsverlust.) Der Magen produziert zu viel Magensäure, ist aber leer und das wiederum greift als letzte Konsequenz die Magenschleimhaut an, sodass der Hund gelben schaumigen Schleim erbricht. Meist nachdem er vorher Gras gefressen hat und dann besonders gerne auf teure Teppiche. (Die Darmschleimhaut des gereizten Darms wird abgestoßen und findet sich als gallertartige wabbelige durchsichtige Schleimmasse auf dem Kot wieder.) Zwingt man den Hund zum Spazierengehen wird er sich auch draußen jedes Mal übergeben. Er übergibt sich aber auch, wenn er freiwillig geht. Verbindet der Hund jeden Spaziergang mit menschlichem Terror (muss er jeden zweiten Schritt Sitz, Platz, Fuß, Aus demonstrativ üben und abspulen als gäbe es kein Morgen, oder wird an seiner Leine gezerrt und geruckt ohne Unterlass) oder tierischem Terror (Angst und in die Leine springen bei jedem sich nähernden oder überhaupt in der Ferne sichtbaren Hund) wird sein vegetatives Nervensystem jedes Mal empfindlich gestört. Hier zeigt sich einmal mehr ganz deutlich, wie eng Körper und Geist verbunden sind. Was Menschen gerne vergessen: es zählt bei einem Spaziergang mit dem Hund die Qualität, nicht die Quantität. Eine oder zwei Stunden neben einem Roller oder Rad herzulaufen (auch neben einem Jogger, wenn Sie es lieber light bevorzugen) bringt dem Hund genau nichts außer Ermüdung und Erschöpfung. Zehn Minuten intensives Schnüffeln in Ruhe an einer Stelle, wo der Hund will und nicht der Mensch, das ist es, was Hunde wollen. Würden Sie lieber auf einem Laufband im stinkenden Trainingssaal laufen oder ein paar angenehme Runden in netter Gesellschaft mit Freunden um den Block drehen? Eventuell spontan auf einer Parkbank Platz nehmen und die Blumen betrachten, den Vögeln lauschen und mit den Nachbarn schwätzen? So geht's auch dem Hund. Was Menschen ebenfalls gerne vergessen: sie gehen nicht mit dem Hund, sie zerren das Tier schnell hinterher ohne sich umzusehen während sie gerne wichtige Telefonate führen, rauchen oder schimpfen. Oder ihn mit einem Kommando quälen, das er ohnehin kennt, längst kapiert hat und trotzdem immer wieder stupide wiederholen muss. Sitz! Platz! Aus! Immer wieder! Als wär's ein Debiler, den sie an dem Strick führen, nicht ihr kluger Hund. Weil Trainer einem weismachen wollen, dass man mit Hunden unentwegt üben-üben-üben muss. Und die glauben das? Warum? Der Hund weiß, was Sitz! heißt, bereits nach dem ersten Mal! Er hat aber keine Lust sich in den Schlamm oder auf heißen Asphalt zu setzen. Er wird seine Gründe haben. Sitzen Sie gerne grundlos auf heißen Straßen?

Seine Menschen kapieren hingegen gar nichts. Weil sie sich ohne zu hinterfragen einer Autorität unterordnen, nämlich der Tante oder dem Onkel vom Trainingsplatz, von der Hundeschule oder sonstwo. Doof sind also die Zweibeiner, nicht ihr Hund. Im Ernstfall macht er schon „Sitz". Und zweitens gehen Menschen doch immer ihrem Hund zuliebe spazieren, oder? Damit sie sich wohl fühlen. Damit sie Spaß haben. Man geht nicht zum Training auf den Appellplatz. Sondern man will dem Hund eine Freude machen. Er soll es schön haben. Sonst könnte man ja genauso gut alleine gehen. Genau solche Hunde, die draußen dauern Stress haben (Herrchen hilft nicht bei Hundebegegnungen sondern schaut dezent weg, belustigt zu oder haut ihm mit der Leine eins über die Rübe) entwickeln früher oder später einen Reizmagen. Magengeschwüre nehmen beim Hund zu, genau wie bei Pferd und Schwein. Weil eben aus einer chronischen Entzündung irgendwann ein Ulcus wird, wenn die Ursache bestehen bleibt. Weil sich negative Gefühle auf den Magen schlagen, genau wie beim Menschen.

Was tun?

Eine spezielle "Reizmagen-Diät" oder „Reizdarm-Diät" gibt es leider nicht. Auch wenn Ihnen vielleicht

irgendjemand sein Spezialfutter dafür andrehen will-
glauben Sie ihm nicht. Es wird nicht helfen. Helfen wird
hingegen eine Umstellung der Lebensgewohnheiten,
nämlich in erster Linie der Abbau von Stress und die
bestmögliche Beseitigung von Konfliktsituationen.
Entspannungstechniken wie autogenes Training und
progressive Muskelrelaxation helfen bei der
Stressbewältigung des Zweibeiners. Ist der entspannt,
überträgt sich das auch auf den Vierbeiner. Beim
Vierbeiner ist es hilfreich, die tägliche Futterration in
mehreren kleinen, über den Tag verteilten Portionen
anzubieten. Medikamente wie H2-Rezeptorenblocker
und Protonenpumpenhemmer sind meist nur in der
ersten akuten Phase kurzfristig hilfreich, auf Dauer
schaden sie aber mehr als sie nutzen. Denn die
Symptome werden zwar gelindert aber eine ursächliche
Heilung bringen sie nicht. Wird der Stress nicht beseitigt,
wird auch der Magen immer wieder rebellieren. Sorgen
Sie daher dafür, dass der Magen Ihres Hundes immer
gefüllt ist. Hungert der Hund vierundzwanzig Stunden
bringt das nämlich auch seinen Stoffwechsel komplett
durcheinander. Die Empfehlung, ein Tier bei Durchfall
einen Tag oder länger hungern zu lassen stammt noch
aus dem Mittelalter und ist genauso sinnlos wie die

gutgemeinte Kohletablette. Zur Erinnerung: der Hund ist längst kein Wolf mehr. (Am Rand sei hier noch bemerkt, dass Hunde auch Kohlenhydrate wie Nudeln bereits verstoffwechseln können. Wölfe aber nicht.) Ist der Magen voll, vor allem am frühen Vormittag, werden sich die Beschwerden langsam legen. Unter voll verstehe ich nicht, den Hund stündlich mit überfüllten Näpfen zu mästen. Im Gegenteil. Der Stressmagen-Hund wird sich ohnehin vor seinen Napf hinstellen und sagen: „Nö, das mag ich jetzt aber nicht essen!". Das liegt daran, dass ihm immer leicht flau im Magen ist. Ich habe das so gehandhabt: mein Hund, der mäkeligste Stressmagenpatient weltweit wird schon morgens zum Essen motiviert. Bei uns hilft am besten eine kleine Autofahrt, um den Hund zum Fressen einer trockenen Semmel, einer Brotrinde oder einer Lachspaste aus der Tube zu ermuntern, da mein Hund sehr gerne im Land Rover unterwegs ist, genau wie ich. Und lieber aus dem fahrenden Autofenster Menschen, Vögel oder Hunde verbellt und beobachtet anstatt auf der Straße zu laufen, wobei ich den Futterneid benutze, um ihn zum Fressen zu bringen. Klappt garantiert! Hund sichtet anderen Hund aus dem Auto und schon frisst er brav. Sogar der schlechteste Fresser frisst dann, glauben Sie mir. Und dabei ist er so entspannt, dass er die für seinen Stressmagen wichtige Portion freiwillig zu sich nimmt. Falls Sie Sorge wegen einer Magendrehung haben, kann ich Sie beruhigen. Der Magen kann sich auch drehen, wenn er leer ist, das hängt nicht wirklich mit einer geringen Futteraufnahme zusammen. Selbst wenn er also nachher noch spazieren gehen soll, nimmt er ja nur ein paar Bissen zu sich, keinen ganzen Laib Brot. Gerade genug, um die Sache mit der Magensäure in den Griff zu kriegen. Zuhause würde er das Essen nicht mal gelangweilt anschauen und sich lieber übergeben. Zum Glück habe ich diese Lösung entdeckt, auch im Sinne meines Teppichverschleißes. Sehr hilfreich ist auch die Verfütterung reifer, geschabter Bananen mit oder ohne Schleim aus zarten Haferflocken (eine Art Porridge), sowie Topfen, Joghurt, altbackene weiße Brötchen, älteres Brot und mürbe Kipferl . Magenschonend ist ebenfalls gekochtes Hühnerbrustfilet (ohne Haut, Knorpel und Knochen), gekochte Kartoffel (breiig) oder gekochte Karotten. Reisschleim verklebt den Darm, ist also nicht empfehlenswert. Auch nicht hilfreich ist der Tipp aus dem (na woher sonst) Netz mit der Heilerde. Heilerde macht die Magenschleimhaut noch mehr kaputt und bindet auch die Säure nicht, wie gerne angenommen wird. Hingegen verstopft sie sehr gründlich den Pförtner und provoziert einen Magen-verschluss.

Gelegentlich steht der Mensch vor seinem fressunlustigen Hund und denkt: „Wie kann ich das Tier bloß zum Essen überreden?". Meistens hilft zwei Tage altes Brot (Tierheim-Hunde bekommen häufig altes Brot zu fressen und sind es daher gewohnt), welches man mit Butter oder etwas Leberwurst (im Tierfachhandel ohne Zwiebel in einer handlichen Tube für Unterwegs erhältlich) bestreicht. Damit kann man fast alle Hunde ködern. Manche stehen auf Thunfisch-, oder Lachsgeschmack, viele sind der süßen Truppe zugetan und lieben Gugelhupf oder Kuchen. Bitte immer darauf achten, dass der für Hunde gefährliche Süßstoff Xylit oder Birkenzucker nicht darin enthalten ist und die Mehlspeise keine Schokolade enthält. Hüttenkäse, Butterkäse und Topfen sind dem Hundemagen ebenfalls sehr zuträglich und können zudem auch im Falle einer Laktoseintoleranz laktosefrei gegeben werden. (Abgesehen davon sind alle Hartkäse ohnehin immer laktosefrei. Dass dies extra noch auf der Verpackung deklariert ist verdanken wir dem allgegenwärtigen Laktosefrei-Trend.) Aber kehren wir nochmal kurz zu unseren „magenschonenden" Präparaten aus der

Apotheke zurück. Nicht nur, dass die Kassen klingeln, wenn es um die Verschreibung von Säureblockern, (allen voran die Wirkstoffe Ranitidin, Famotidin oder Cimetidin) geht, machen sie langfristig die Gesundheit kaputt und den Patienten danach süchtig. Diese Medikamente, auch H2-Blocker genannt, gehören zu den am häufigsten in den USA verordneten Medikamenten überhaupt. Auch Deutschlands Hausärzte verordnen sie für rund 80 Millionen Euro jährlich. Hinzu kommen verschiedene rezeptfreie H2-Blocker-Präparate gegen Sodbrennen und Stressmagen. Diese Verordnungen gelten auch für die tierischen Patienten, da Gelenksschmerzen im Vormarsch sind, wohl auch weil unsere Hunde eine immer höhere Lebenserwartung haben und ihre Gelenke gleichzeitig immer früher und nachhaltiger beansprucht und überbelastet werden durch übertriebenen Hundesport, Halsbandführung statt Brustgeschirrführung und an erster Stelle natürlich durch den Leinenruck. Zur positiven Auswirkung von Brustgeschirren liegt eine Dissertation[13] von Dr. Simone Limbeck an der VMU Wien vor. Die gerne nicht beachtet wird, weil man lieber weiter am Strick um den Hundehals herumzerrt anstatt einer Fachärztin zu vertrauen und dem Wauwau ein

Brustgeschirr anzulegen. Darüber freut sich die Pharmaindustrie und wir werden auch bei den tierischen Patienten annähernd die Umsatzzahlen von Magenschutzpräparaten wie die der Menschen erreichen. Weil mir dieses Thema so wichtig erscheint, widme ich ihm noch ein paar Zeilen. Hat Ihnen Ihr Tierarzt einen „Magenschutz" verordnet, weil Ihr Hund an Stressmagen leidet oder Schmerzmittel einnehmen muss, handelt es sich höchstwahrscheinlich um Omeprazol, Pantoprazol, Esomeprazol, Rabeprazol und Lansoprazol. Endet der Wirkstoffname, den Sie im Beipacktext ermitteln können, auf –prazol, handelt es sich um einen klassischen Säureblocker. Der leider alles andere als den Magen schützt. Unter die Säureblocker-Nebenwirkung Nr. 1 fallen nämlich ausgerechnet Magen-Darm-Beschwerden. Ich wiederhole das jetzt gerne nochmal: zu den am meisten verbreiteten Nebenwirkungen der Säureblocker, die bekanntlich Magenbeschwerden lindern sollen, gehören Magenbeschwerden! An zweiter Stelle der Nebenwirkungen stehen, dreimal dürfen Sie raten, die Störungen des Darmtrakts. Das Sodbrennen ist zwar beseitigt, wird aber ersetzt durch Blähungen sowie Übelkeit und wird sehr oft auch von Durchfall begleitet.

Mit ein wenig Pech kommt als weitere Nebenwirkung noch eine Nahrungsmittelallergie hinzu, weil die Magensäureproduktion ja gehemmt wird. Der pH-Wert steigt und dadurch wird die Eiweißverdauung gestört. Die unverdauten Proteine wandern durch die Darmschleimhaut in den Blutkreislauf und wirken dort wie Allergene. Was macht der Körper bekanntlich gegen Antigene? Richtig, er bildet Antikörper um diese zu vernichten. Voila!

Und schon wurde die Allergie geboren!

Ist das Tier bereits Allergiker, können Säureblocker das Risiko eines anaphylaktischen Schocks erhöhen. Weitere unerquickliche Nebenwirkungen des meistverschriebenen Wirkstoffs der Welt sind Vitamin-B12-Mangel, auch massive Herz-Kreislauf-Schäden, Verkalkung der Blutgefäße (Demenz ist die Folge, auch beim Hund!), Mineralstoffmangel (Calcium und Magnesium) sowie Mangel an Spurenelementen (Eisen und Zink), was Erschöpfung, Muskelzuckungen, Krämpfe, Verwirrtheit, Schwindel und vieles mehr zur Folge hat. Kaum weniger gefährlich sind die restlichen Nebenwirkungen wie erhöhtes Knochenbruchrisiko oder schlechte Leber-, und Nierenwerte.

Die Gefahr für chronische Nierenerkrankungen steigt signifikant an, ebenso steigt die Infektionsgefahr, da fehlende Magensäure Krankheitserreger, die mit der Nahrung, mit Wasser oder mittels Luft in den Verdauungstrakt gelangen, nicht mehr abtöten kann. Die ist besonders wichtig bei Hund und Katze, da man immer noch sehr gerne rohes Geflügel füttert, obwohl Tierärzte vor der Salmonellengefahr warnen. Aber einem richtigen Hardcore-Barfer ist das egal.

Lebensbedrohliche bakterielle Darminfektionen wie Salmonellose oder Clostridium difficile werden durch Säureblocker wunderbar begünstigt. Sogar die Gefahr einer Lungenentzündung ist dadurch grösser, Helicobacter-pylori-Infektionen ebenso. Spannend, dass Säureblocker aber gerade gegen Helicobacter eingesetzt werden. Offensichtlich nehmen also weder Ärzte noch Tierärzte noch Patientenbesitzer diese Nebenwirkungen wirklich ernst. Antacida sind billig und Liebkind der Weißkittel. Und auch viel einfacher zu handeln als Stressmanagement, das Zeit und Geduld und Aufwand bedeutet. Die eigentliche Therapie besteht nämlich darin, auslösende Faktoren zu vermeiden. Das kann sowohl eine Umstellung der Ernährungs-, als auch der Lebensgewohnheiten beinhalten. Letzteres bedeutet vor allem den Abbau von Stress, einen veränderten Umgang mit psychischen Belastungen und die bestmögliche Beseitigung von Konfliktsituationen. Psyche und Reizmagen sind enge Verwandte. Die Vorstellung, das Smartphone zu verlieren, verursacht bei den Briten fast genauso viel Stress wie die Angst vor einer Terrorattacke, zeigt eine neue Studie der Physiological Society http://physoc.org. Das ist wohl auch der Grund, warum so viele Menschen lieber Magenschutz schlucken. Um im wahrsten Sinn des Wortes weiterhin alles in sich hineinfressen zu können, anstatt sich von ihrem heißgeliebten stressverursachenden Smartphone oder liebgewonnenem Fastfood zu verabschieden. Weil ihnen wohl beides mehr ans Herz gewachsen ist als ihr Haustier oder ihre Familie.

Die Angst vor dem Alleinsein

Wer der Herde folgt, muss nicht nachdenken und fühlt sich einigermaßen sicher. Wenn es doch so viele andere Menschen auch tun, muss es ja wohl stimmen, denkt der Einzelne und folgt unbekümmert seinem Herdeninstinkt. Menschen finden sich in Gruppen zusammen, wo es ganz offensichtlich ungefährlich ist und man das eigene Gehirn nicht einschalten muss. Und sei es keine reale Gruppe sondern bloß eine Hundegruppe im Internet. Es lebt sich im Standby-Modus halt viel bequemer, wenn man tut, was diese Gruppe empfiehlt. Personen, die sich selbst als Hundemenschen bezeichneten, erwiesen sich in Persönlichkeitstests als extravertierter, verträglicher und gewissenhafter als Katzenmenschen; diese erzielten dagegen höhere Werte in puncto Offenheit und Neurotizismus. Sie sind damit im Mittel etwas fantasievoller und experimentierfreudiger und neigen eher dazu, Normen und Werte kritisch zu hinterfragen. Nun sind die meisten Leser hier reine Hundemenschen und neigen vielleicht deshalb zum Herdenverhalten was die Meinung zur Hundehaltung betrifft. Hunde, denen man dank rabiater Erziehungsmethoden alle ihre Triebe (Jagdtrieb, Sexualtrieb, Spieltrieb, Revierverteidigung etc.) grausam abtrainiert hat, müssen sich zwangsweise ihren Menschen, also ihrer Herde anschließen, um zu überleben. Man hat sie zu hilflosen Befehlsempfängern degradiert und erwartet nun genau das Gegenteil, nämlich dass sich diese Lebewesen, die doch in allen entscheidenden Lebensfragen von seiner Herde völlig abhängig gemacht wurde, plötzlich gerne und ohne Murren stundenlang alleine zu Hause zurückbleibt. Dass das nicht gut gehen kann ist vorprogrammiert. Ein Lebewesen ohne Selbstbestimmung und ohne Eigenverantwortung fürchtet sich alleine und ist hilflos. Es wird dagegen rebellieren. Möbel umzugestalten oder zu gärtnern ist nur ein Ausdruck der Angst vor dem Alleinsein. Die Konsequenzen für die Hunde sind immer verheerend. Wegsperren in eine Hundebox, 24-Stunden Maulkorb, Schläge oder Abliefern ins Heim.

Ständiges hartes Training und raue Spiele, also permanente absichtlich durch Menschen herbeigeführte Überreiztheit plus Überforderung und das konsequente Arbeiten gegen die Evolution verunsichern Hunde so nachhaltig, dass sie gar nicht mehr alleine bleiben können. Lieber kassieren sie harte Strafen als sich voller Angst durch die bangen Stunden alleine durchzuquälen. Hätte man „Bewegung, Disziplin und Zuneigung" gegen „Respekt, Vertrauen und Kommunikation" ausgetauscht und dem Hund Vertrauen in sein eigenes Verhalten beigebracht, könnte er auch ganz gut mal ohne Zweibeiner ausruhen, wäre das alles kein Problem. So aber haben wir es uns selbst zuzuschreiben, dass wir willenlose vierbeinige Angsthasen an unserer Seite haben, die bibbernd darauf warten, das nächste Kommando zum Hinsetzen oder zum Schlucken zu erhalten.

Wie frustrierend es für so ein armes Tier sein muss, sich alleine zu Tode zu fürchten, kann man sich kaum vorstellen. Am ehesten ist es noch vergleichbar mit der menschlichen Angst vor der finsteren Nacht oder einem Aufenthalt alleine in einem pechschwarzen Wald. Wenn Sie es nicht glauben, probieren Sie es doch gerne einfach mal aus.

Sind hochsensible Hunde ängstlicher?

Wer Angst hat, schläft schlecht, ist nervös, und leicht reizbar. Das sind typische Symptome, wenn latente Angst das tägliche Leben bestimmt. Angst vor Schlägen, Angst davor, den Anforderungen nicht gerecht zu werden, Angst vor Menschen, vor Artgenossen manchmal auch. Wenn ständige Sorgen das Leben bestimmen spricht man von einer generalisierten Angststörung. Enge Begleiter der großen Angst sind körperliche Symptomen wie Muskelverspannungen, Ruhelosigkeit, Nervosität, Herzrasen, leichte Ermüdbarkeit, Konzentrationsstörungen. Hunde haben

Angst davor mit dem Auto mitzufahren, Angst vor der Hundewiese, (die manchen Hund wohl eher an eine Blutwiese erinnert), Angst, irgendwo wieder alleine zurückgelassen zu werden, Angst, nochmal das sichere Heim zu verlieren und als Wanderpokal weitergereicht zu werden. Von Mensch zu Mensch, mit einem Reisegepäck voll schlechter Erfahrungen und einem Etikett um den Hals, auf dem schwer erziehbar, „red-zone", aggressiv, unfolgsam und bissig steht. Zwischen Aggression und Selbstaufgabe, als Scheidungswaisen und Trennungsopfer, so reisen Hunde um die Welt oder sterben einsam hinter dreckigen Gittern. Ohne je ein liebes Wort gehört zu haben. Und die, die alleine zuhause sitzen und sich fürchten, bekommen statt Zuneigung, Verständnis oder Liebe bestenfalls die Depri-Pille Prozak, genau wie ihre ängstlich depressiv verstimmten Menschen. Lieber Tablette statt Wald, so lautet das Motto bei Zwei-, und Vierbeiner. Fängt damit an, dass man auch seine quengelnden Kinder lieber mit Beruhigungstabletten vollstopft statt mit ihnen zu spielen. Es sieht fast so aus, als könnten Menschen weder mit kleinen Menschen noch mit Tieren normal umgehen. Ständig brauchen sie Ratschläge und Tabletten, anstatt das eigene Lebensbild und das Umfeld einmal gründlich zu hinterfragen. Dazu kommt, dass sich weder Kinder noch Hunde wehren können, wenn man sie mit Psychokram der Humanoiden psychisch und physisch totmacht. Angst zu überwinden, indem man die belastende Situation bewusst aufsucht oder sich dem Angstauslöser gezielt aussetzt, das wirkt bei vielen Menschen als Therapieansatz. Weil, und das ist die entscheidende Aussage, die sich aus freien Stücken für diesen Weg entscheiden können. Für Tiere ist das aber nicht anwendbar. Vor allem für unsere Hunde, denen wir sogar gerne die Entscheidung absprechen wohin sie ihren Harn und Kot absetzen dürfen, gilt das nicht. Die müssen, egal was und ohne gefragt zu werden. Und werden dabei gerade ihren größten Ängsten permanent ausgeliefert, damit sie davon „geheilt" werden. Aber genau so werden Hunde erst richtig krank gemacht. Auch mit Lärm-CD oder Thundershirt. Besonders hochsensible Hunde, die sich vielleicht sogar etwas mehr ängstigen als die weniger sensiblen Artgenossen sind davon betroffen, wenn man sie absichtlich mit ihren Ängsten konfrontiert. Niemals kann man Angst mit Angst bekämpfen, so wie man auch Aggression nicht mit Gegenaggression bezwingen kann. Anstatt zuerst Vertrauen aufzubauen, wird das kaum vorhandene auch noch in Grund und Boden gestampft. Gratulation! Die Pharmariesen werden sich darüber sicher freuen. Ein Hund, der seinem Menschen hundertprozentig vertraut, wird sich nicht fürchten, sondern sich sicher fühlen, wenn sein Mensch da ist. „Der regelt das schon für mich" statt „Der hilft mir nicht und bringt die Angst auch noch mit ins Haus!" lautet das Motto. Solange das nicht in die verbohrten Köpfe reingeht, wird nicht nur der Prozak-Umsatz immer mehr steigen sondern auch die Hersteller von Schüssler Salzen und ähnlichen sinnentfremdeten Angstbremsen reich und reicher werden. Die hochsensiblen unter den Hunden werden sich weiterhin fürchten. Die Angst wird größer, statt kleiner werden. Und immer neuer Wahnsinn wird auf den Markt kommen, mit dem man Hunde zusätzlich tyrannisieren kann. Warum? Weil Menschen leichtgläubig sind. Anstatt den Ursachen der Angst auf den Grund zu gehen, unverrückbar vertrauenswürdig zu sein und ein Umfeld zu schaffen, in dem sich hochsensible Hunde nicht fürchten müssen, werden sie systematisch fertig gemacht.

„Der Hund ist das einzige Wesen auf Erden, das dich mehr liebt als sich selbst."

-Josh Billings-

HOCHSENSIBLE HUNDE RICHTIG ADOPTIEREN

Da vor allem die erworbene Hochsensibilität bei Tierheimhunden ein schier unüberwindbares Hindernis für ein normales Familienleben darstellt, möchte ich hier noch ein paar Tipps geben wie man Hunde richtig adoptiert. Meist kennt man das betreffende Tier nur von einem Bild oder einem Video falls man sich für einen Hund aus dem Auslandstierschutz entschieden hat. Man bekommt also ein Überraschungsei frei Haus, meist zugestellt über eine Transportkette oder mittels einer langen unerfreulichen Fahrt für das Tier, in einem LKW des betreffenden Vereins, der die Hunde vermittelt und auch Vor-.und Nachkontrolle übernimmt. Bestenfalls schließt man seinen schwer gestressten, weitgereisten Schützling an einer vereinbarten Übergabestelle in die Arme und alles wird gut. Schlimmstenfalls geht für den Hund, der gerade puren Horror hinter sich hatte, der Terror einfach noch schlimmer weiter. Vielleicht erscheint der Adoptant einfach nicht und lässt den Hund am Flughafen hängen. Oder der Hund entläuft noch während der Übergabe. Am häufigsten wird jedoch der neue Besitzer nicht fertig mit einem gestressten unbekannten Tier. Dies liegt zum einen daran, dass ein gebrauchter Hund aus dem Tierschutz mit schlechten Erfahrungen nicht das dankbare kuschelige anhängliche neue Wesen sein kann, das man sich vielleicht erträumt hat, zum anderen macht ein unerfahrener Mensch gerade beim ersten Hund die meisten und größten Fehler, die auch aus einem sorglosen Welpen einen ängstlichen traumatisierten Zeitgenossen machen können. Auch ich war nicht fehlerfrei und mein erster Hund musste dafür büßen. Vom falschen Futter bis zur Flexi-Leine habe ich alles, was man falsch machen kann, falsch gemacht. Ich wusste es damals einfach nicht besser, es gab weder Literatur noch diesen Trainerwahn noch gab es hundefreundliche Tierärzte oder ähnliches. Es gab auch kein Internet, es gab nur den Hund und mich und die vielen falschen Dinge die ich ihm in meiner Unwissenheit leider antat. Das tut mir bis heute sehr leid. Was diese Fehler bei einem Tier mit übler Vorgeschichte (und sie stammen alle nicht aus dem Luxushotel, wenn sie aus dem Kerker kommen, glauben Sie mir) anrichten können, ist der Grund dafür, dass viele diese Tiere wie Handgepäck weiter wandern. Von unfähigen zu hilflosen, überforderten und gestressten oder brutalen

Menschen, die den Verdammten dann endgültig den Rest geben. Gewalt gegen ein traumatisiertes Tier mündet immer in erhöhte Aggressionsbereitschaft oder Selbstaufgabe. Und mir nichts dir nichts wurde wieder ein „Red-Zone" Hund erschaffen. Einer, der keinen mehr an sich ranlässt aus lauter Angst vor der Welt und ihren dummen Menschen, die ihn dazu getrieben haben, jede Minute um das einzige zu bangen was er hat: sein Leben. Was ist also zu beachten, bevor man sich für einen Heiminsassen entscheidet? Voraussetzung wäre meiner Ansicht nach eine vorhandene grundlegende Hundekenntnis, Zeit, Geduld und zentnerweise Liebe sowie die absolute Bereitschaft, mit allem zu rechnen und das Unerwartete zu erwarten. Umso besser, wenn sich der Neue als pflegeleichter Selbstläufer entpuppt. Was aber in den meisten Fällen leider nicht zutrifft, sonst gäbe es nicht so viele Hundetrainer, die sich dumm und dämlich verdienen mit den ängstlichen gestressten Hunden aus dem Heim und ihren verzweifelten Mamas und Papas am anderen Ende der Leine. Da mein vierter Hund ein hochsensibler Hund aus dem Auslandstierschutz ist können meine eigenen Erfahrungen anderen ebenfalls hochsensiblen Hunden und ihren nach Hilfe suchenden Menschen das Leben vielleicht ein klein wenig vereinfachen. Das würde mich wirklich sehr freuen. Ich wünschte, ich hätte damals auch einen Ratgeber bei der Hand gehabt, der meinen ersten Hund vor meiner menschlichen Inkompetenz bewahrt hätte.

Die richtige Übergabe

Sie erwarten Ihren Hund überpünktlich am vereinbarten Treffpunkt und haben Ihr Handy eingeschaltet. Dazu kommen Sie am besten in Begleitung einer vertrauten hundefreundlichen Person, die Ihr Auto fährt, damit Sie sich Ihrem neuen Schützling auf der Heimreise widmen können. Bevor der Hund aus seiner Transportbox geholt wird, legen Sie ihm das mitgebrachte Brustgeschirr plus ein Halsband um und befestigen beides an einer Leine, die Sie sich selbst ebenfalls um die Leibesmitte schnallen. Auf dem Halsband sollte bereits Ihre Telefonnummer stehen. Dann erst stellen Sie den Hund auf den Boden und lassen ihn mal verschnaufen. Meist hat er eine sehr lange Fahrt ohne Klopause hinter sich, hat sich in der Box übergeben oder andere haben auf seine Box gekotet und uriniert oder sich erbrochen. Machen Sie sich darauf gefasst, dass das Tier bestialisch stinkt, wenn es direkt aus einem Zwinger kommt. Verwerfen Sie den Gedanken, es sofort zu baden, sobald Sie zuhause angekommen sind. Auch wenn es Ihr sehnlichster Wunsch ist. Als erste Hilfe reicht ein feuchtes Handtuch mit dem Sie vorsichtig und ohne Zwang den Hund vom übelsten Gestank befreien. Umarmen Sie den Hund nicht ständig fest oder von oben und ohne ihm vorher Gelegenheit gegeben zu haben Sie gründlich kennenzulernen. Tätscheln Sie ihm nicht den Kopf, lassen Sie ihn in Ruhe pinkeln und sein großes Geschäft erledigen sowie von Ihnen mitgebrachtes Wasser trinken bevor Sie ihn sachte in das eigene Auto verfrachten und nach Hause losfahren.

Die Fahrt nach Hause

Während der Fahrt reden Sie leise und beruhigend mit dem Tier, ohne es laut und hektisch vollzuquasseln, zu rauchen oder das Radio laut aufzudrehen. Wählen Sie den direkten schnellsten Weg nach Hause ohne zu rasen oder Notbremsungen bei jeder Ampel hinzulegen, bei denen Ihr Hund herumgeschleudert wird. Wahrscheinlich kennt er Autofahrten gar nicht. Sollte seine erste Fahrt also richtig übel für ihn werden, wird er nicht mehr gerne mit dem Auto fahren wollen. Kleine Hunde hält man auf dem Schoss, große sitzen auf der Rücksitzbank neben Ihnen. Sie haben ein Leckerli mitgebracht, das der Neue wahrscheinlich weder kennt noch essen möchte, da er sich zu sehr fürchtet und von den neuen Reizen abgelenkt sein wird. Es ist möglich, dass ihm hundeübel ist und er Ihnen das Auto vollkotzt. Rechnen Sie mit allem und nehmen Sie ausreichend Decken und Tücher mit. Ziehen Sie auch nicht das Sonntagsgewand an, wenn Sie zu so einem Unternehmen aufbrechen, außer Sie wollten es ohnehin demnächst entsorgen.

Im neuen Heim

Sichern Sie den Hund vor dem Aussteigen genau wie bei der Übernahme und achten Sie darauf, dies vor dem Öffnen der Autotüren zu tun. Für den Hund sind Sie ein Fremder, dem er nicht vertrauen kann und dem er wahrscheinlich bei nächster Gelegenheit entweichen will. Gehen Sie also sofort ins Haus und lassen Sie ihn dort einmal von der Leine um sich in aller Ruhe umzusehen. Viele Hunde durften nie ein Haus oder eine Wohnung betreten, kennen also keine Stiegen oder wurden geschlagen, sobald sie versuchten ins Haus zu kommen. Manchen lebten an der Kette und es ist alles neu für sie. Nachdem die Vergangenheit eine Heimhundes für immer sein trauriges Geheimnis bleiben wird, können Sie nur aus seinen Reaktionen erahnen was er bereits erlebt hat.

Bieten Sie ihm Futter und Wasser, gehen Sie mit ihm durchs Haus und den Garten und zeigen Sie ihm, wie sehr Sie sich über seine Gegenwart freuen. Sagen Sie ihm, dass er ein toller Hund ist, genau der, den Sie sich vorgestellt haben und dass es sich hier um sein „Für-immer"-Zuhause handelt. Vergessen Sie bitte dabei nicht, dass der Hund Ihre Sprache nicht verstehen kann wenn er aus dem Ausland stammt. Er muss also auf Ihre positive Ausstrahlung vertrauen solange er Ihre Worte noch nicht versteht. Konfrontieren Sie ihn nicht mit einer Überraschungsparty, indem Sie Nachbarin, Kinder der Nachbarin oder die gesamte Familie eingeladen haben. Dafür ist viel später auch noch Zeit. Jetzt muss er erst mal ankommen. Sie sind ja zuhause und alles ist für Sie vertraut. Für ihn ist aber alles neu, gefährlich und ungewiss; er weiß ja nicht, dass es jetzt auch sein Heim sein wird.

Die ersten Tage

Von entscheidender Wichtigkeit für das weitere Zusammenleben mit dem neuen Hund ist ihn nicht von der ersten Sekunde an überall hin mitzuschleppen. Lassen Sie ihn mindestens die ersten zwei Wochen in Ruhe ankommen, die Gasse vor dem Haus reicht dazu völlig aus. Dann erst erweitern Sie den Radius, und den menschlichen wie auch den tierischen Freundeskreis. Seien Sie vorsichtig und wachsam aber nicht angespannt bei Hundebegegnungen. Weichen Sie allen ungewissen Situationen rechtzeitig aus indem Sie die Straßenseite wechseln, egal was irgendjemand sagt. (Der tut nix- Sie wissen schon). Sorgen Sie für ausreichend Ruhe im Haus und ausreichend Futter, bis Sie das richtige gefunden haben, das dem neuen Freund auch schmeckt und das er verträgt. Auch das dauert eine Woche oder länger. Sichern Sie den Gartenzaun hoch genug und fest genug ab und achten Sie stets auf geschlossene Eingangstüren wenn Besuch kommt oder geht. Ist der Hund gestresst und bellt den ganzen Tag hinter dem Zaun, können Sie das ganz leicht ohne viel Theater oder Kommandos beheben, in dem Sie ein paar Meter hinter dem eigentlichen Zaun einen zweiten Zaun aufstellen.

Hunde aus dem Tierheim haben gelernt unentwegt zu bellen. Da gibt es einen kleinen Trick. Beobachten Sie genau, ob jemand bei der Türe oder dem Zaun vorbeigeht und bellen Sie zuerst, also noch vor dem Hund! Sie werden staunen: der Hund erkennt Ihre Absicht, macht vielleicht noch einen kleinen Wuff mit Ihnen, und bellt dann: nicht.

Stellen Sie sich einfach vor, was Sie brauchen würden, wenn man Sie aus einem Heim oder einem Gefängnis in eine völlig fremde Umgebung zu völlig fremden Menschen bringt.

Sie würden sich Ruhe, Liebe und Zuwendung in langsam ansteigender Dosis, gepaart mit Zeit und Empathie wünschen?

Dann legen Sie damit getrost bei Ihrem Hund los.

Und alles wird gut.

INTENSIVER SEHEN, HÖREN, FÜHLEN-
HOCHSENSIBLE HUNDE UND IHRE
BESONDEREN BEDÜRFNISSE

Hunde werden in unserer Gesellschaft immer noch unterschätzt und wissenschaftliche Studien sind kaum vorhanden. Ich bin aber auch ohne wissenschaftlichen Nachweis der Überzeugung, dass es hochsensible Hunde gibt.

An dieser Stelle darf ich allen hochsensiblen Menschen den Rat geben: was für Sie gilt, gilt auch für Ihre Hunde. Vor allem um ihnen etwas zu lehren. Um aus Dr. Arons Buch „Sind Sie hochsensibel?" zu zitieren: *„HSM etwas beizubringen erfordert andere Strategien, als das bei weniger sensiblen Schülern der Fall ist. Reize werden von HSM verstärkt empfunden, das heißt, dass sie in einer Lernsituation auch Unterschwelliges bemerken können und physiologisch schnell überreizt reagieren."* [14] Gleiches gilt für unsere hochsensiblen Hunde, die man durch ständiges Üben, harte Trainingsmethoden und Zwangsmaßnahmen pausenlos überreizt. Hunde sind immer bemüht, zu lernen und das Gelernte umzusetzen, es ihren Menschen recht zu machen und aufmerksam zu beobachten, was diese von ihnen wünschen. Aber niemand macht seine Sache gut, weder der Mensch noch der Hund, wenn er überreizt ist. Je mehr sie sich Mühe geben eine möglichst gute Leistung zu erbringen (vor allem wenn Schläge oder Tritte drohen), je mehr man sie dabei unter Druck setzt, desto eher werden sie übererregt reagieren und desto schlechter wird auch die erwartete Leistung sein. Ständige starke Reize wie Leinenrucke, Tritte, Schläge, Schreie und Stupser werden daher das genaue Gegenteil bei der Erziehung eines HSH bewirken. Nämlich schnelle Ermüdung, schwache Lernleistung, kompletten Rückzug oder sogar hyperaktives Verhalten.

Auch im Umgang mit dem hochsensiblen Hund bei einer für ihn sehr aufregenden Situation, die andere aber als nur gemäßigt aufregend oder gar nicht aufregend bezeichnen würden, ist besondere Achtsamkeit seitens des Besitzers an den Tag zu legen. Hunde (wie auch Menschen) sind leider Aufgrund der besonderen Gabe der Hochsensibilität nicht in der Lage, ihre Aufregung zu steuern. Hektik, Ungeduld, scharfe Worte oder körperliche Gewalt (darunter fallen alle Arten der Zwangsmaßnahmen wie Fesseln, Knebeln, Maulkörbe oder Niederringen des Tieres durch mehrere Personen) verschlimmern die physiologische Erregung um ein Vielfaches und verursachen noch zusätzlichen Stress. Stress wiederum hilft weder weiter im Umgang mit dem Tier und seiner Lenkbarkeit noch fördert es den Heilungsprozess, sollte sich der Hund gerade in einem Tierspital oder bei einem Tierarzt befinden. Gleiches gilt auch für den Umgang mit einem hochsensiblen Hundehalter. Dieser ist meist genauso überreizt wie sein Tier, kann daher nicht aufmerksam zuhören und sich auch nicht gut mitteilen. HSM sollten daher bei einem Tierarzt- (oder Arzt)besuch ein paar Notizen machen, um sicher zu gehen, dass sie nichts vergessen haben oder die Behandlung in der Aufregung falsch verstanden haben. Bei der Therapie eines hochsensiblen Tieres mit einem ebenso hochsensiblen Besitzer ist es daher extrem wichtig, den Menschen und das Tier zu beruhigen sowie alle Schritte der Behandlung genau zu erklären. Und zwar noch bevor es losgeht. Auch während man Fieber misst oder eine Spritze aufzieht. Das entschärft die größte Angst.

Nichts ist schlimmer als eine Ungewissheit mit Schmerzen.

Denken Sie mal an einen Zahnarztbesuch. Sie liegen hilflos da, den Mund weit offen und starr vor Angst. So geht es Ihrem Hund. Wenn Sie wissen, was als nächstes kommt, werden Sie etwas entspannter sein. Wenn der Zahnarzt lächelt, während Sie Ihre angstgeweiteten Augen auf sein Gesicht richten, wissen Sie, es ist alles nicht so schlimm. Wenn er sagt „Nur noch zwei Minuten bohren!", wissen Sie, das Ende des Schreckens ist absehbar.

So geht es auch Ihrem Tier.

Zureden hilft.

Auch einem Hund. Wenn mehr Menschen über das Thema Hochsensibilität bei Hunden Bescheid wüssten und dementsprechend auf ihre Hunde eingingen, wären vielleicht weniger Hunde gestresst und krank.

Die Pionierin der hochsensiblen Welt, Dr. Elaine Aron meinte übrigens, dass die wissenschaftliche Basis zum Thema Hochsensibilität immer stärker wird. Sie führte eine Studie des deutschen Biologen Max Wolf an, der mit Hilfe von Computersimulationen aufzeigen konnte, wie sich bei Tieren und Menschen, begünstigt durch die Evolution, bestimmte Persönlichkeitsmerkmale herausbilden. In seinen Modellen hat es sich also für ganz unterschiedliche Tierarten ausgezahlt, dass ein gewisser Anteil der Population die Umgebung genauer wahrnahm (also hochsensibel war) als andere und sich vorsichtiger verhielt. Sein Argument: Wären es mehr, hätte keiner etwas davon.

Auf die Frage, warum denn die Wissenschaft, vor allem die Medizin, nun der Idee mit den unterschiedlichen Temperamenten gegenüber so skeptisch sei, antwortete Dr. Aron: *„Weil sie nervt. Ich verstehe, dass Mediziner und Wissenschaftler die Frage nach den Unterschieden von Menschen ignoriert haben. Wenn man jemand behandelt, will man nicht, dass der anders reagiert als der Patient zuvor, der mit den gleichen Symptomen gekommen ist. Immerhin hat die Medizin schon mal gelernt, dass es eine gute Idee ist, sich vor der Chemotherapie die Gene des Tumors genau anzusehen, um ihn dann individuell zu behandeln. Und Mediziner verstehen langsam, dass unterschiedliche Medikation wirklich wichtig ist."*

Sollten Sie also selbst nicht hochsensibel, aber dafür meistens total genervt sein, weil Ihr Hund „anders", „anstrengend" oder „so ein Sensibelchen" ist, denken Sie bitte an diese Worte.

Er tut es nicht aus einem speziellen Grund.

Er ist hochsensibel.

MEIN HUND IST HOCHSENSIBEL, NA UND?

Als mein vierter Hund bei mir einzog, praktizierte ich noch als selbstständiger Tierarzt in meiner eigenen Praxis und war sehr gestresst. Ich übernahm den neuen Hund von einer Organisation meines Vertrauens. Ich kannte ihn nur von einem Foto, das Bild gefiel mir, seine Geschichte rührte mein Herz. An Komplikationen dachte ich nicht im entferntesten. Bei allen anderen Hunden hatte das Zusammenleben immer prima geklappt, ich glaubte unerschütterlich, ich wüsste alles über Hunde und ihre Bedürfnisse. Hochmut kommt bekanntlich vor dem Fall, sagt man. Genau das traf auf den Neuen aus dem Ausland und meine Wenigkeit zu. Der Hund, eine mutige Mischung aus Alaskan Malamute, Husky, Schäferhund und einem undefinierbaren ungemütlichen Rest zog bei mir ein. Und stellte mein Leben auf den Kopf wie ein Tornado. Alles was ich bis jetzt über Hunde wusste war schlichtweg für den Container. Er war mir Inspiration und Lehrmeister zugleich. An ihm durfte ich Höhen und Tiefen eines hochsensiblen Hundes kennenlernen, die ich sonst nur von mir so gut kannte und in jahrelanger Arbeit erfolgreich verdrängt hatte. Der Hund fing an zu graben; nicht nur im Garten, sondern auch in meinem Unterbewusstsein. Er forderte und förderte mich. Er war mir in so vielen Dingen sehr ähnlich, das erschreckte mich am Anfang zutiefst. Er machte mich jedoch stark, ausdauernd und bescheiden. Ihm ist es letztendlich zu verdanken, dass dieses Buch überhaupt geschrieben wurde. Jeder bekommt nur das, was er auch bewältigen kann, heißt es so treffend. Ich war mir am Anfang unserer Beziehung alles andere als sicher, ob ich wirklich dazu bereit war, mein Leben

umzukrempeln, nur damit sich der neue, so gar nicht
handzahme Hund bei mir wohlfühlt. Beinahe täglich
zweifelte ich in unserer ersten Zeit daran, ob ich es
schaffen würde. War es das wert? All die Mühe, die
Umwege, die Extraeinlagen, das nicht Zurechtkommen
mit anderen Hunden, seine große Angst vor allen
Menschen, Tieren und Maschinen? Konnte ich all das
Böse, was er erleben musste, jemals wieder aus seiner
Seele löschen?

***Ich kann Ihnen versichern, jede Sekunde war es
wert.***

Wir erlebten Höhen und Tiefen. Wir gingen durch ein
dunkles Tal und kamen in Zeitlupe daraus hervor.
Er wurde mein Seelenhund. Der Hund, den man den
Einen nennt, der, dem man alles verdankt. Jede Prüfung
ein Gewinn. Jedes Hinfallen ein Aufstehen. Jede
unangenehme Begegnung eine wichtige Erfahrung. Jede
Sekunde eine Bereicherung, die man niemals mehr
missen möchte. All die unendliche Liebe eines
geretteten Wesens, das sich endlich verstanden fühlt. In
seinem Kummer, seinem Leid und seiner
Hochsensibilität. In meinem Leben habe ich viele Dinge
erlebt und viele Menschen getroffen. An die meisten von
ihnen kann ich mich nicht einmal mehr erinnern, weil

Erinnerungen mit der Zeit immer mehr verblassen und nur die wirklich wichtigen Dinge für immer im Gedächtnis bleiben. Unendlich wertvoll in meinem Leben ist die Liebe meiner Hunde. Besonders die Liebe dieses einen speziellen Hundes, für den ich mich immer wieder gerne öffentlich zum Affen mache. Den ich trage, wenn er nicht mehr gehen kann. Den ich, wenn nötig, mit meinem Leben verteidige. So wie er es für mich tun würde.

Ihm bin ich für immer unendlich dankbar. Und ich werde bis zum letzten Atemzug an seiner Seite sein.

Alles geht einmal zu Ende und auch dieses Buch neigt sich nun langsam den letzten Zeilen zu. Ich möchte an dieser Stelle gerne darauf hinweisen, dass es zum Thema „Hochsensible Hunde" weder wissenschaftliche Studien noch wissenschaftlich erbrachte Beweise gibt, jedenfalls nicht zum Zeitpunkt dieser Veröffentlichung. Alles was ich hier beschrieben habe ist die logische Ableitung aus meiner langjährigen Praxiserfahrung mit hochsensiblen Hundepatienten und ihren Besitzern. Eigene leidvolle Erlebnisse als Betroffener mit einem ebenso hochsensiblen Tier sowie die mannigfaltige Unwissenheit und die Ignoranz vieler Hundeliebhaber im Umgang mit sehr sensiblen oder hochsensiblen Hunden haben mich dazu veranlasst, meine Ergebnisse und

Gedanken zu diesem Buch zusammenzufassen.

Oberstes Anliegen war mir dabei die Menschen darüber aufzuklären, dass es sehr wohl deutliche Unterschiede im Gemüt ihrer Tiere gibt, sie davon abzuhalten, blindlings althergebrachten, gängigen Thesen und Dingen zu vertrauen ohne zu hinterfragen und zu zweifeln und damit gleichzeitig die Lebensqualität ihrer hochsensiblen Hunde deutlich zu verbessern. Was mich letztendlich dazu veranlasst hat, dieses Buch tatsächlich zu veröffentlichen ist die Tatsache, dass es gar keine gänzlich unsensiblen Hunde gibt- im Gegensatz zu den vielen unsensiblen Menschen, die leider in der Mehrheit sind. Vielleicht kann ich ja wenigstens ein paar der unsensiblen Zweibeiner davon überzeugen an ihrer Empathie und ihrer Impulskontrolle zu arbeiten. Empathie beeinflusst sogar nachweislich die Identifikation der Emotionen im Gesichtsausdruck eines Hundes stärker als Hundeerfahrung. Viktor Frankl wusste schon, dass das Gefühl viel feinfühliger sein kann als der Verstand scharfsinnig.

Die wichtigste Eigenschaft des Menschen ist die Empathie.

Sie gibt Hoffnung, dass sich die Menschheit doch noch zum Guten wendet, dass eine Tages weltweit Tierleid verringert und der Hund wirklich als bester Freund des Menschen anerkannt wird. Die Hoffnung stirbt bekanntlich zuletzt. Hinterfragen Sie auch bitte dieses Buch kritisch. Trifft einiges, was ich Ihnen erzählt habe teilweise oder völlig auf Ihr Tier zu? Könnte dieser Tierarzt vielleicht doch nicht so Unrecht haben? Braucht man wirklich immer eine wissenschaftliche Versuchsreihe um mit seiner Meinung Recht zu haben oder könnte man in diesem Fall einem langjährigen Kleintierpraktiker, der Hunde aufrichtig liebt, doch Glauben schenken? Einem, der Hunde so sehr liebt, dass er lieber seinen Job an den Nagel hängt, weil er sie nicht leiden sehen kann. Und erlauben Sie mir bitte die Gegenfrage: Weshalb vertrauen Menschen lieber einem Guru, einem Heilpraktiker oder einem selbsternannten Trainer anstatt das Naheliegende zu begreifen? Nämlich dass Hunde genauso hochsensibel wie Menschen sein können. Wollen wir es vielleicht nur nicht wahrhaben? Weil wir uns eventuell sonst in Grund und Boden schämen müssten ob der Dinge, die wir unseren Hunden, wissentlich oder unwissentlich, angetan haben? Beenden möchte ich meine Worte mit einem indianischen Sprichwort: „Sei meines Hundes Freund, und du bist auch der meine." Ich wünsche Ihnen und

Ihrem Vierbeiner Friede, Gesundheit, Glück und ein langes Leben.

Vielen Dank für Ihre Aufmerksamkeit.

Herzlichst,

Ihr **Bela**

Ich bin dein bester Freund

Quellenverzeichnis:

[1] „ Evolutionary Roots of Human Social Interaction" (ROSI) Max Planck Institute for Evolutionary Anthropology

[2] http://www.houndsandpeople.com/de/magazin/wissen/wissenschaft-beweist-

[3] "Cognitive adaptations to stressful environments: When childhood adversity enhances adult executive function" von Chiraag Mittal et al., Oktober 2015 in "Journal of Personality and Social Psychology":

[4] "Neural and behavioral bases of age differences in perceptions of trust" erscheint zwischen 3. und 7. Dezember 2012 in den "Proceedings of the National Academy of Sciences"

[5] Psychobiological Factors Affecting Cortisol Variability in Human-Dog Dyads", PLOS ONE, 8.2.2017

[6] http://www.houndsandpeople.com/de/magazin/kultur/die-dominanztheorie-eine-deutsche-erfindung/
[7] h☐ttp://de.metapedia.org/wiki/Blondi#Tod

[8] h☐ttps://de.wikipedia.org/wiki/Gewaltfreie_Kommunikation

[9] „Bumblebees show cognitive flexibility by improving on an observed complex behavior"
Department of Biological and Experimental Psychology, School of Biological and Chemical Sciences, Queen Mary University of London, Science 24 Feb 2017:
Vol. 355, Issue 6327, pp. 833-836

[10] "Selective Imitation in Domestic Dogs" von Friederike Range et al. in "Current Biology" (Bd. 15 (10), Ausgabe vom 15. Mai 2007)

[11] "The Pace of Life under Artificial Selection: Personality, Energy Expenditure, and Longevity Are Correlated in Domestic Dogs" in "The American Naturalist"

[12] h☐ttp://www.zeit.de/2016/43/avocado-superfood-anbau-oekologie-trend

[13] Limbeck, Simone (2010): Evaluierung der Druckbelastung bedingt durch das Tragen des Führgeschirrs beim Blindenführhund. Dissertation, Vet. Med. Univ. Wien, pp. 80.

[14] Elaine N. Aron „Sind Sie hochsensibel?", mvgverlag, 10. Auflage 2015. S.353

Über den Autor

Bela Ferenz Wolf wurde 1966 geboren, studierte
Veterinärmedizin und leitete erfolgreich viele
Jahre lang als Tierarzt eine Tierklinik.
Zurzeit lebt der Bestsellerautor als freischaffender Autor,
Journalist und Kolumnist in Österreich.
Alle Infos zu Dr. Wolf unter www.tierarzt-wien.com

Von Tierarzt Bela F. Wolf bereits erschienen:
„Tipps vom Hundedoktor- Gesunde und glückliche
Hunde müssen nirgends durch!"
Taschenbuch: 300 Seiten
Verlag: Books on Demand; Auflage: 2 (9. August 2016)
Sprache: Deutsch
ISBN-10: 3741238635
ISBN-13: 978-3741238635
Dieses Buch ist ein Muss für alle Hundeliebhaber,
zukünftige Hundehalter und Tierfreunde. Der

Bestsellerautor und langjährige Leiter einer Tierklinik,
Tierarzt Dr. Wolf, klärt fachmännisch und gründlich über
die wichtigsten Themen im Umgang mit Hunden auf und

stellt Missstände in der Hundehaltung und Tiermedizin
kompetent und offen dar.   Ist kastrieren wirklich nötig?

Wird zu oft geimpft? Ist Trockenfutter, Feucht-futter oder
Barfen besser? Kann man Hunde überfordern? Wie
sehen die Vitalwerte des gesunden Hundes aus? Wie
bekommt man Ohrenentzündung, Durchfall oder Flöhe in
den Griff? Sind Hundeflüsterer und selbsternannte
Trainer wirklich gut für Hunde? Ist adoptieren besser als
kaufen? Wie sichert man Hunde richtig? Wie kann man

Hunde glücklich und gesund machen? Macht Stress
krank? Was hilft gegen Grannen? Wieviel Schlaf

brauchen Hunde wirklich? Ob es um praktische
Hundeerziehung, Tipps für den Alltag mit dem
vierbeinigen besten Freund oder die Wahl des richtigen
Tierarztes geht, hier finden Hundemenschen Antworten

auf alle wichtigen Fragen der Tiermedizin und
Hundehaltung, um Hunde zufrieden und langfristig
gesund zu machen. Denn Hunde müssen nirgends
durch.

Tierarzt Dr. med. vet. Bela F. Wolf

Tipps vom Hundedoktor

Gesunde und glückliche Hunde müssen
nirgends durch!

„Tipps vom Katzendoktor- Katzen gesund und glücklich machen"

Taschenbuch: 304 Seiten
Verlag: Books on Demand; Auflage: 1 (5. Dezember 2016)
Sprache: Deutsch
ISBN-10: 3743113198
ISBN-13: 978-3743113190
Dieses Buch ist ein Muss für alle Katzenliebhaber, zukünftige Katzenhalter und Tierfreunde. Der Bestsellerautor und langjährige Leiter einer Tierklinik Tierarzt Dr. Wolf klärt fachmännisch und gründlich über die wichtigsten Themen im Umgang mit Katzen auf und stellt Missstände in der Katzenhaltung und Tiermedizin kompetent und offen dar.
Wann ist der beste Zeitpunkt für eine Kastration? Wie sieht der optimale Katzenkorb aus? Wird zu oft geimpft? Ist Trockenfutter, Dosenfutter oder Fleisch besser? Wie sehen die Vitalwerte der gesunden Katze aus? Ist adoptieren besser als kaufen? Was bedeutet artgerecht? Wieso erkranken Katzen so oft an Diabetes, Übergewicht und Schilddrüsenüberfunktion? Was tut man, wenn die Katze Krampfanfälle hat? Wie sieht das richtige Katzenklo aus? Was ist der Unterschied zwischen Pinkeln und Markieren? Wie kann man Katzen glücklich und gesund machen? Macht Stress Katzen krank? Wie kann man Katzen unterstützen, um sie gesund und glücklich zu machen? Was bedeutet Miau? Wie viel Ruhe brauchen Katzen wirklich? Ob es um praktische Tipps für den Alltag mit dem Haustiger oder die Wahl des richtigen Tierarztes geht, hier finden Katzenmenschen Antworten auf alle wichtigen Fragen der Tiermedizin und Katzenhaltung, um Stubentiger zufrieden und langfristig gesund zu machen.